Fanny Müller & Susanne Fischer

Stadt Land Mord

Kriminelle Briefe nachgelassener Frauen

Nebst einem Anhang:

»Wie ich einmal Frau Fischer kennenlernte«
von *Fanny Müller*
&
»Wie ich einmal Frau Müller kennenlernte«
von *Susanne Fischer*

Fischer
Taschenbuch
Verlag

Die Frau in der Gesellschaft
Herausgegeben von Ingeborg Mues

2. Auflage: Januar 1999

Veröffentlicht im Fischer Taschenbuch Verlag GmbH,
Frankfurt am Main, November 1998

Lizenzausgabe mit freundlicher Genehmigung
des Verlags Klaus Bittermann, Berlin

Druck und Bindung: Clausen & Bosse, Leck
Printed in Germany
ISBN 3-596-13861-2

Hamburg, 3. September

An Frau
Irene Todtenhaupt
Hahnenhorn

Sehr geehrte Frau Todtenhaupt!

Bei Durchsicht der Papiere meines verstorbenen Mannes fand ich Dokumente, die den Schluß nahelegen, daß er gleichzeitig – wenn auch unter verschiedenen Namen – mit Ihnen und mit mir verheiratet war. Ich habe mich schon immer gewundert, warum meine Schwiegermutter mich häufig als »Irene« ansprach, es aber auf ihr Alter geschoben. Obwohl sie trotz ihrer 70 Jahre – wobei sie ja auf 55 macht – eigentlich noch recht kregel ist und ihre Männerbekanntschaften sehr wohl auseinanderzuhalten weiß. Sie fragte mich übrigens auch einige Male, wo denn unser schöner Mahagoni-Schreibsekretär abgeblieben sei. Haben Sie vielleicht so was?

Aus Gründen privater Natur habe ich schon vor seinem Tod die wenigen Fotos verbrannt, die ich von

Werner hatte. Deshalb vielleicht folgende Charakterisierung: Als ich ihn kennenlernte, hielt ich ihn für einen gutaussehenden dunkelhaarigen Gentleman. Meine Mutter hielt ihn für einen »Strolch in Schlips und Kragen«, was aber nicht viel zu sagen hat, denn dafür hält sie jeden Mann, außer Handwerkern. Handwerker nennt sie »Strolche im Blaumann«. Im Laufe der Jahre sah ich mich allerdings gezwungen, mich dem Urteil meiner Kollegin Rita anzuschließen, die immerzu »Was willst Du eigentlich mit diesem braungebrannten Schmierlappen« zu mir sagte. Die hat er auch anzugraben versucht, aber Rita hält nichts von Techtelmechteln mit dem Mann einer guten Bekannten. Allerdings glaubt sie, wenn sie erst mal über vierzig ist, kann sie für nichts mehr garantieren.

Sollten Sie anhand dieser Informationen Ihren Gatten wiedererkennen, dann bitte ich um eine Antwort. Und noch eins: Im Falle eines Falles sollten wir nicht voreilig staatliche Stellen mit unserem kleinen Problem belästigen.

Ich möchte annehmen, daß auch Sie eine anständige Lebensversicherung ausgezahlt bekommen haben, was ja niemanden etwas angeht.

Mit freundlichen Grüßen, Ihre

Marie-Luise Fleischmann

* * *

Hahnenhorn, 5. September

Frau
Marie-Luise Fleischmann
in Hamburg

Sehr geehrte Dame,

ich weiß nicht, was Sie dazu bewegt, derart impertinente Schreiben an Frauen zu richten, die Ihnen völlig unbekannt sind. Wahrscheinlich sind Sie verrückt oder kriminell oder beides und wollen mich erpressen oder verrückt machen oder beides, oder alles das. Ich weiß nicht, woher Sie wissen, daß mein Mann von einer Geschäftsreise in den südlichen Jemen bisher nicht zurückgekehrt ist – vielleicht wissen Sie das ja auch gar nicht und versuchen ins Blaue hinein, eine ehrliche Frau unglücklich zu machen. Möglicherweise sind Sie noch sehr jung und unfertig und erlauben sich schlechte Scherze.

Von einer Versicherung weiß ich nichts. Mein Mann lebt! Wenn er aber nicht bald zurückkehrt, habe ich nichts mehr zum Leben. Ich kann Sie also mit Geld nicht zum Schweigen bringen, wie Sie sich das sicherlich erhoffen. Falls mein Gatte wirklich verstorben ist, wäre ich allerdings aus dem Gröbsten heraus. Sollten Sie jedoch eins von Ottos Flittchen sein, so bitte ich Sie sehr herzlich, mich nicht mehr zu belästigen. Das hätte gar keinen Sinn. Sonst belästigen Sie mich aber bitte auch nicht weiter!

Wahr allein ist in Ihrem Brief, daß mein Mann ein großgewachsener, beinahe noch dunkelhaariger Herr ist, jedenfalls da, wo er noch Haare hat. Das können Sie ja aber nicht wissen, weil Sie ihn gar nicht kennen. Wenn Sie ihm wirklich so nahestehen, wie Sie behaupten, hätten Sie bestimmt sein ganz besonderes Kennzeichen erwähnt, von dem ich zu niemandem je gesprochen habe! Sie werden Verständnis dafür haben, daß ich *Ihnen* kein Foto *meines* Mannes schicke.

Ich hoffe, daß Sie bald auf den rechten Weg zurückfinden und verbleibe als Ihre

Irene Todtenhaupt

* * *

Hamburg, 11. September

Beste Frau Todtenhaupt,

die Papiere in meinen Händen beweisen einwandfrei, daß Werner Fleischmann und Otto Todtenhaupt ein und dieselbe Person sind! Und beide mausetot!

Im Jemen verschollen! Das hört sich natürlich besser an als »In einem Motel in Bargteheide den Schädel eingeschlagen gekriegt«. Ich mußte ihn identifizieren. Schön war das nicht. Ganz sicher war ich zuerst nicht, weil der Kopf hin war, ich habe ihn aber an seinem ganz besonderen Kennzeichen erkannt. Ich würde es allerdings nicht als »ganz besonders« bezeichnen, aber Sie haben in Ihrem Leben vielleicht noch nicht so viele Vergleichsmöglichkeiten gehabt wie ich.

Im Jemen mag er auch mal gewesen sein, denn er hat, das kann ich ja jetzt offen sagen, beim Geheimdienst gearbeitet. Deshalb besaß er auch Pässe auf unterschiedliche Namen, mußte häufig für längere Zeit wegfahren und durfte mir nicht sagen, wohin. Das Wohin dürfte jetzt wohl geklärt sein. Inzwischen frage ich mich natürlich, *ob* er überhaupt beim Geheimdienst war. Er hatte ja noch nicht einmal einen Trenchcoat. Geld war allerdings immer genug da. A propos: ich habe die Kopie einer Lebensversicherung auf Ihren Namen gefunden – um die zu kassieren, müssen Sie ihn wohl für tot erklären lassen. Soviel ich weiß, dauert das ein paar Jahre. Es lohnt sich aber, auf eine solche Summe zu warten, ich habe sie schon bekommen. Jetzt kann ich es mir leisten, nur noch zum Spaß arbeiten zu gehen.

An Ihrer Stelle würde ich übrigens die Klappe nicht so weit aufreißen. Mich hat er nämlich drei Monate *vor* Ihnen geheiratet und unter Umständen kriegen Sie dann als Kebsweib gar nichts. Ich werde jedenfalls niemanden über sein Doppelleben aufklären – wer weiß, was dann womöglich noch alles zum Vorschein kommen würde.

Also, wir sitzen im gleichen Boot, meine Dame. Reichen wir uns die Hand. Ich bin, nebenbei gesagt, viereinhalb Monate älter als Sie (sehe aber jünger aus!!!)

Mit frdl. Grüßen bin ich Ihre

Marie-Luise Fleischmann

P.S. Hat er Ihnen auch immer eine einzelne Baccara-Rose mitgebracht? So was steht sogar in der *Freundin* auf der Out-Liste!

* * *

Hahnenhorn, 13. September

Sehr geehrte Frau Fleischmann,

das ist ja nun doch ein bißchen viel auf einmal. Erst soll ich Witwe sein, dann »Kebsweib« bzw. beides oder eben auf einmal gar nichts mehr. Ich weiß ja nicht, wo mir der Kopf steht, werte Frau Fleischmann! Und anscheinend betrauern Sie meinen Otto gar nicht, oder Ihren Werner oder wie der hieß. Ich glaube, Sie sind kein feiner Mensch.

Mein Otto aber war ein feiner Mensch, so daß ich mir kaum vorstellen mag, wie und auf welche Weise er mit *Ihnen* verheiratet gewesen sein kann. Wenn ich es jetzt wohl auch glauben muß. Kein Wunder, daß er bei mir Trost gesucht hat. Oft sah er so abgespannt aus, wenn er von seinen Reisen kam. Ich dachte mir immer, daß das Leben als Diplomat in besonderer Mission sehr anstrengend sein müsse. Statt dessen war das Leben bei Ihnen sehr anstrengend!

Inzwischen ist mir auch klar, daß er natürlich nicht im diplomatischen Dienst war – dafür hätte er ja wohl kaum Zeit gehabt, falls Sie ihn jedenfalls ab und zu bei sich zu Gast hatten, was ich hier einmal ungeprüft voraussetzen will. Aus demselben Grund kann er nicht beim Geheimdienst gewesen sein, wie er Ihnen vorgemacht hat. Sie sind gewißlich sehr leichtgläubig, obwohl Sie keine junge Frau mehr sind. Wir sollten jedoch versuchen, die Wahrheit über Otto und Werner herauszufinden, schon um unseren verdienten Lebensstandard nicht zu gefährden. Die Tatsache Ihrer Existenz macht es mir, wie ich gestehen muß, nach der ersten Erschütterung leichter, mich mit Ottos Tod abzufinden und ein wenig an die praktischen Dinge zu denken. Bis ich die Toterklärung durchgesetzt habe, werde ich leider arbeiten gehen müssen, was ich durchaus nicht gewöhnt bin.

Den Mahagoni-Sekretär habe ich zur Hochzeit bekommen, wie unsere Schwiegermutter sehr wohl weiß. Sie tut aber immer so, als hätte ich ihn gestohlen. Meinen Sie eigentlich, daß Otto sie in seine Machenschaften eingeweiht hat? Oder hat sie uns bloß immer verwechselt? Wie hat sie denn auf Ottos Tod reagiert? Übrigens standen immer die Baccara-Rosen auf dem Sekretär – Blumen, die ich sehr gern habe, was immer Ihre Freundin auch dazu sagen mag. Nein, mein Mahagoni-Sekretär ist einfach über Ihrem Niveau, Frau Fleischmann!

Hochachtungsvoll

Irene Todtenhaupt

* * *

Hamburg, 22. September

Meine liebe Frau Todtenhaupt,

kein Mensch will Ihnen den Sekretär wegnehmen! Statt Bargeld wollte Kläre (ich nenne »unsere« Schwiegermutter Kläre, und sie nennt mich Herzchen: »Du bist mir vielleicht ein Herzchen«, sagt sie immer), also sie wollte ihn zuerst *mir* zur Hochzeit schenken, aber das habe ich mir verbeten, ebenso wie das 36teilige Rosenthal-Service, das meine Mutter mir seit Jahren unterzujubeln versucht. Schließlich habe ich aus meiner ersten Ehe noch einen komplett eingerichteten Haushalt, den laß ich mir nicht versauen. Für die 500 Mark von Kläre habe ich mir dann übrigens ein Wochenende im Schönheitsstudio gegönnt, obwohl ich das gar nicht nötig habe, das hat die Angestellte im Beauty-Salon auch gesagt.

Was meine »Trauer« betrifft – *Sie* haben sich ja noch nicht einmal erkundigt, wie wir Werner unter die Erde gebracht haben! Unter die Erde ist nicht ganz korrekt – ich habe ihn einäschern lassen und hätte die Asche aus Stilgründen gerne über Pullach ausgestreut. Das ist aber irgendwie nicht erlaubt. Wir haben ihn dann auf See bestatten lassen. Das war sehr stimmungsvoll, jedenfalls solange ich nicht brechen mußte. Während die Urne über Bord geschmissen wurde, durften wir Musik vom Tonband hören. Kläre war für die »Capri-Fischer«, aber als Ehefrau hatte ich das letzte Wort und fand »Oh happy day« angemessener. Mit meinem heutigen Wissen hätte ich wohl was anderes ausgewählt. Aber was? Leider gibt es ja kein Bigamistenlied außer »Maleen, eine von uns beiden muß jetzt gehn«, was die Sachlage nicht hundertprozentig trifft. Der Kapitän konnte übrigens charmant über allerhand »Seemannsgarn« plaudern. Was haben wir gelacht! Ja.

Kläre ist gleich danach wieder zurück nach Mallorca. Mit Eberhard, dem »knackigen Frührentner« (Kläre). Der glaubt, sie sei erst 50. Männer glauben ja alles, wenn ihnen ein halbes Jahr Mallorca ausgegeben wird. Ob Werner Kläre über uns ins Bild gesetzt hat, weiß ich nicht. Wir können sie fragen, wenn sie im Frühjahr zurückkommt. Übers Telefon möchte ich das nicht machen; wer weiß, wer da alles mithört – das hat Werner mir immer eingeschärft – und Briefe läßt sie sich von den Liebhabern vorlesen, weil ihre Augen im Eimer sind. Und eine Brille kauft die sich natürlich nicht!

Mir geht es sehr gut, was ich auch von Ihnen hoffe. Es ist doch eine Erleichterung zu wissen, daß keiner mehr reinschneit, einem unter den Füßen herumsteht und fragt, was man eigentlich den ganzen Tag gemacht hat. Nicht, daß Werner das getan hätte, außer ganz am Anfang. Da habe ich ihm dann gleich ein blondes Haar vom Revers gezupft und gesagt, daß ich jedenfalls keine Jagd auf Mata Haris mache. Er grinste dann ganz blöde; wahrscheinlich hat er dabei an Sie gedacht. Wenn er mir zu heftig auf die Nerven ging, habe ich den alten Ehefrauen-Trick angewandt: »Hast du schlechte Laune?« »Nein« »Ganz bestimmt nicht?« »Nein« »Bist du sicher?« »Ja«. Na, und so weiter. Nach einer halben Stunde war er dann aus dem Hause, so schnell konnte ich gar nicht gucken.

Ich vermisse ihn auch nicht, was das »eheliche Leben« betrifft. Es ist doch bekannt, daß nach sieben Jahren Ehe Totensonntag öfter ist. Die Stadt bietet einem ja auch viele kulturelle Erlebnisse. Erst gestern war ich im Cafe »Unter den Linden« und vorgestern in der »Bar Centrale«. Da bin ich mit den schwarzen Klamotten total angesagt. Letztlich wendet sich doch immer noch alles zum Guten.

Und wie geht es Ihnen so auf dem Lande? Sicher gehen Sie mit den Hühnern ins Bett und leben sehr gesund, mal abgesehen von den Schützenfesten und den Ernte-Umzügen. Beneidenswert, falls man so was gut findet.

Mit besten Grüßen bin ich Ihre

Marie-Luise Fleischmann

* * *

Hahnenhorn, 23. September

Liebe Frau Fleischmann,

wahrscheinlich verwirre ich Sie jetzt ein bißchen, aber ich bin gerade erst von einer längeren Kur zurückgekehrt. Meine Tante Sophie, die hier gelegentlich nach dem Rechten sieht, hat Ihnen ja schon in meinem Namen geschrieben, wenn auch ohne mein Wissen und nicht ganz in meinem Sinne, wie ich fürchte. Sie hat aber versichert, sie habe es nur gut gemeint. Etwa fünfundzwanzigmal hat sie mir das in der letzten halben Stunde gesagt, so daß ich Ihnen jetzt gleich schreiben mußte, damit sie sich beruhigt. Es fällt mir schwer, das alles zu glauben. Schon, daß mein Mann ermordet worden sein soll, war ein Schock. Daß er, der so oft über sein »Ehejoch« stöhnte, aber freiwillig mehrfach verheiratet ist bzw. war bzw. gewesen sein sollte – nun, ich muß es hinnehmen.

Über Otto/Werner ist Tante Sophie allerdings in einem Irrtum befangen, was aber verzeihlich ist. Sie ist nämlich schon 83, kurzsichtig und ein bißchen schwerhörig, so daß es ihr gelingen konnte, unseren Ehemann für einen gutaussehenden und charmanten Mann zu halten. Ein »feiner Mensch« war er wahrhaftig nicht! Wenn ich auch noch nicht alles über ihn weiß.

Ich denke, ich kann offen mit Ihnen sprechen – oder besser, Ihnen schreiben, denn ich würde es für unklug halten, wenn wir uns jetzt treffen und uns irgend jemand zusammen sieht. Kurz: Otto war kein Hauptgewinn in der Ehelotterie, genaugenommen war er das, was man in die Hand gedrückt bekommt, wenn man sein Los gerade mit einem enttäuschten »Och – Niete« in den Müll werfen will – 3 bunte Eierlöffel, von denen einer etwas kürzer ist, oder ein Maßband zum Aufrollen, dessen Feder gleich ausleiert, oder zehn Briefkarten mit scheußlichen Blumenmotiven, denen nur acht Umschläge beigelegt sind – ein Trostpreis eben. Man wäre lieber leer ausgegangen, doch das läßt der Lotterie-Aufseher nicht zu. Mit 38 Jahren und einem abgebrochenen Studium als einziger Waffe gegen die Gemeinheiten des Lebens, glaubte ich nicht mehr wählerisch sein zu dürfen, und irgendwie hatte er ja damals auch dieses »gewisse Etwas«, das einen ins Verderben treibt. Wie ich vermute, betrauern Sie, nachdem der erste Schock vorbei ist, seinen Tod nicht mehr als ich, wenn ich ihm auch einen angenehmeren Abgang gewünscht hätte. Daß meine Eheschließung, die ich in den vergangenen Jahren so manche Stunde bereute, jetzt noch nicht einmal gültig gewesen zu sein scheint, macht mich aber doch ein wenig melancholisch. Man hat mich sozusagen um mein Ehefrauenleid betrogen: jetzt fehlt mir was.

Tatsächlich lebe ich hier sehr zurückgezogen. Otto hat immer Wert darauf gelegt, und ich ahne allmählich, warum. Wir hatten fast nie Besuch, nur zu einigen Nachbarn habe ich Kontakt und natürlich zu meiner Tante Sophie. Schwiegermutter Kläre habe ich selten gesehen, woraus ich mir nichts mache, weil sie mich sehr von oben herab behandelt hat – wahrscheinlich hielt sie mich für Ottos Flittchen. Sie war nämlich gar nicht auf unserer Hochzeit, und den unseligen Sekretär hat Otto eines Tages angeschleppt. Vielleicht *hat* er ihn ihr gestohlen?

Ein abscheuliches Stück, aber wenn ich ihn verkaufe, bringt Tante Sophie mich um. Sie hält pompöse Möbel nämlich für »Stil«. »Das hat Stil!« ruft sie manchmal mit Nachdruck, und klopft mit der Hand auf den Sekretär. Aber nur, wenn sie denkt, daß sie allein im Zimmer ist.

Mir wäre wohler, wenn ich wüßte, wer Otto warum umgebracht hat. Ihnen nicht? An Raubmord glaube ich nicht, der hatte doch nichts! Leider kann ich keine Nachforschungen anstellen, da ja nicht Otto Todtenhaupt, sondern Werner Fleischmann sich in jenem Motel in Bargteheide – hm – verabschiedete. An den Geheimdienst glaube ich aber genausowenig wie an die diplomatische Mission. Ich hatte allerdings zu seinen Lebzeiten meine Gründe, seinen Beruf nicht näher zu untersuchen. Er konnte ja schnell unangenehm werden.

Bis zur Toterklärung von Otto werde ich tatsächlich arbeiten gehen müssen, aber ich helfe sowieso seit einiger Zeit in einem Laden im Nachbardorf aus, da ich mich so bodenlos gelangweilt habe. Otto hat es erlaubt, wahrscheinlich, wie ich jetzt glaube, weil nur selten ein Kunde vorbeikommt, so daß keine Gefahr bestand, dort jemals jemandem zu begegnen, der mich über Ottos Doppelleben aufklärte. Wäre jemand in das »Haus der schönen Dinge« (so heißt der Laden) hineingestolpert und hätte, vor Erregung keuchend, geflüstert: »Frau Todtenhaupt, ihr Mann hat eine andere« – ich hätte eh' nur müde »Wieso eine?« geantwortet. Das hatte ja sogar Tante Sophie bemerkt, obwohl sie kurzsichtig ist.

Natürlich kann ich die Tante nicht alleinlassen und werde also weiterleben wie bisher, vielleicht ein bißchen mehr im Laden arbeiten. Offiziell lebt mein Mann ja noch im Jemen. Ich werde Nachforschungen nach ihm anstellen müssen. Wie sieht das denn aus – er ist weg, ich kümmere mich nicht darum, ziehe womöglich noch in die Stadt, um mich zu amüsieren. Man würde hier vielleicht denken, ich hätte ihn umgebracht und in einem der umliegenden Moore verschwinden lassen. Das geht nicht! Wobei mir einfällt: Haben Sie...? Bargteheide liegt ja doch nahe genug bei Hamburg.

Mit besten Grüßen, Ihre

Irene Todtenhaupt

* * *

Hamburg, 30. September

Liebe Frau Todtenhaupt,

wie schade! Gerade hatte ich mich auf Ihren viktorianischen Stil »eingegroovt«, wie meine Nichte sagen würde, und nun so was!

Nein, ich habe nicht. Nicht, daß ich nicht des öfteren darüber nachgedacht hätte, aber den eigenen Gatten um die Ecke zu bringen, lohnt sich beim derzeitigen Stand unserer Rechtsprechung nicht. Umgekehrt schon, weil Männer immer Suff und Affekt ins Feld führen können. Aber auch wenn ich blau und wütend bin, fehlen mir einfach die Muskeln. Und ihn im Schlaf abstechen oder ein paar Knollenblätterpilze ins Ragout mischen – das kommt doch immer raus und gibt wegen Heimtücke ein paar Jahre mehr. Ich möchte jedenfalls nicht zwanzig Jahre im Knast sitzen, mit nichts weiter zur Unterhaltung als einem Gefangenen-Abo der *taz*.

Werner, ich meine Otto – können wir nicht einfach OW sagen? – OW, ja, der hatte schon was. Leider kann ich mich nicht darauf besinnen, was eigentlich. Wahrscheinlich bin ich auf ihn geflogen, weil er so gute Manieren hatte. Jedenfalls solange wir in Gesellschaft waren. Mein erster Mann – also, der erste Mann, den ich geheiratet habe – der war Rocker. Der gab zwar Damen noch im Halbschlaf Feuer, war aber ansonsten der Ansicht, daß diese ganztägig das Maul zu halten hätten. Trotzdem, es war eine ganz lustige Zeit. Unsere Hochzeitsfeier fand auf einem Pick-nick-Platz im Wald statt, unter Mitwirkung von vier Motorradclubs à 50 Mann plus Hühnern bzw. Schlampen (Hühner: Frauen unter 20, Schlampen: Frauen über 20). Es gab Würstchen, Bier und Haschisch satt, und für die Elite ein paar Nasen. Um unter den Damen, die mit Kennermienen um die Mopeds herumstiefelten, nicht dumm aufzufallen, lernte ich den Satz auswendig: »Es gibt ja einiges an der Harley auszusetzen, aber was mir gefällt, ist die untenliegende Nockenwelle, der Ventiltrieb über Stößelstange und Kipphebel; da schmeiß ich jeden Japaner für weg.« Fragen Sie mich nicht, was das bedeutet. Fragen Sie mich auch nicht, warum man untendurch ist, falls man zu riesigen, schweren und lauten Motorrädern mit Totenköpfen drauf »Motorrad« sagt und nicht »Moped«. Ich weiß es nicht.

Damals glaubte ich noch, daß es sich bei den Anwesenden – Devise: Live hard, die free – um Outlaws, einsame Krieger oder auch nur um interessante Verbrecher handelte. Bis ich dann die ersten Besuche in Rocker-Haushalten absolvierte. Da sah es bis hin zu den *Er*-, *Sie*- und *Gäste*-Handtüchern im Bad haarklein so aus wie bei meiner Mutter. Einziger Unterschied: Winters war das Moped im Wohnzimmer aufgebockt. Vermutlich um zu gewährleisten, daß die Konversation nicht vom Thema Nummer Eins abwich. Ich besichtigte auch ein paar Wohnungen, gegen die Junkiehöhlen glatt als »Schöner Wohnen« durchgegangen wären. Da war ich dann hinterher immer am Klamottenwaschen. Machen Sie das mal mit Lederhosen!

Nach und nach entpuppten sich dann die harten Jungs in der Mehrzahl als Kfz-Mechaniker, Maurer und allgemeine Malocher. Ich hätte nichts dagegen gehabt, wenn der meinige sich auch als in diese Kategorien einordbar erwiesen hätte. Hat er aber nicht, denn er war Geschäftsmann, nämlich Rauschgifthändler. Zwar handelte er nur mit Haschisch, dafür aber im Kilo-Bereich. Das fand ich anstrengend. Ich fand das Mopedfahren schon anstrengend genug – diese Harleys sind nämlich so gut wie nicht gefedert; heute würde ich jeden bescheuerten Japaner (Reisbrenner) vorziehen. Irgendwann erfuhr ich übrigens, daß mein Gatte sich in mich verliebt hatte, weil ich gerade das richtige Gewicht, nämlich 55 kg, für seine Maschine mitbrachte, eine Softtail, wenn Ihnen das was sagt. Jedenfalls kam zu einem beginnenden Bandscheibenschaden jetzt noch die Angst hinzu, daß jeden Moment die Ordnungskräfte einlaufen könnten. Dann wäre ich auch mit dran gewesen. Und ich hatte keine Lust, die nächsten 20 Jahre – siehe oben. Da ließ ich mich scheiden.

Das war kein Problem, denn er hatte gerade eine andere Dame kennengelernt, die ebenfalls 55 kg wog. Da ging der Austausch reibungslos und in aller Freundschaft über die Bühne. Ich kriege immer noch halbjährlich ein kleines Geschenkpäckchen zugesandt. Heute frage ich mich, ob nicht doch mein erster Mann der eigentliche Gentleman gewesen ist.

Für heute schließe ich; ich muß gleich los zum Spätdienst im »Kaiserhof«.

Mit besten Grüßen, auch an Tante Sophie – bin ich Ihre

Marie-Luise Fleischmann

* * *

Hahnenhorn, 6. Oktober

Liebe Frau Fleischmann,

Tante Sophie liegt mir in den Ohren. Eingeweiht ist sie ja nun und läuft den ganzen Tag mit vorgeschobener Unterlippe durchs Haus, als ob OW sie persönlich beleidigt habe – dabei hatte das gar nichts mit ihr zu tun. Sie nennt ihn abwechselnd Schuft, Schurke und Hallodri (das letzte ist das schlimmste, was sie über jemanden sagen kann), murmelt aber dann plötzlich wieder: »Ich kann es nicht glauben. So ein charmanter Herr!« Wobei mir schon das »Herr« zu dick aufgetragen ist. Die ganze Zeit putzt sie wie rasend die Möbel ab, um OWs Spuren aus meinem Leben herauszuwischen, wie ich vermute. Mit Mühe konnte ich sie am Einweichen seiner Briefmarkensammlung hindern – nicht, daß ich mir etwas daraus machte, aber einen schönen Abend will ich mir davon machen. Gottseidank wohnt die Tante nicht bei mir, so daß ich zwischendurch gelegentlich Ruhe habe, und die Blutdruckpillen bremsen sie manchmal – wenn man es schafft, sie ihr ins Essen zu mischen, denn freiwillig nimmt sie fast keine Medikamente und hält sich für kerngesund.

Übrigens habe ich eine Vermißtenanzeige aufgegeben. Den Jemen ließ ich nach reiflichen Überlegungen aus – die Gefahr wäre zu groß, daß alles auffliegt. Das Polizeirevier im Nachbarort Dörpfeld schien mir geeignet für die Einleitung der »Operation Lebensversicherung«, wie ich den Vorgang für mich nenne. Hier bei uns gibt es nämlich keine Polizei. Frau Fleischmann, das hätten Sie erleben sollen!

Nun, mit den Ordnungshütern hatte ich hier vorher noch nie zu schaffen, wußte allerdings schon, daß sie nicht allzu kleinlich sind, wenn einmal jemand über die Stränge schlägt – vorausgesetzt, es ist ein Mann, er hat zuviel getrunken und fährt mit seinem Auto in den Graben. Da muß man schon mal Nachsicht üben, vor allem wenn der Bürgermeister seinen Mercedes in die Entengrütze steuert. Ist ja sein Auto, und wie er es baden will, ist seine Sache. Früher soll hier ein anderer Wind gegangen sein: der alte Wachtmeister Schattschneider war *sehr* kleinlich. Großbauer Alps hat sich nach einem Entengrützen-Zwischenfall erschossen, weil er die Schmach, ein deutscher Mann ohne Führerschein zu sein, nicht ertragen konnte. Wie hat der 45 überlebt?

Vor Polizeiwachen befällt mich immer so ein ungutes Gefühl, das sofort in die Beine zieht – ich möchte gleich weg. Sie verfügen ja auch über ein sogenanntes Vorleben, wie Sie mir schrieben, und begreifen möglicherweise, was ich meine. Auch wenn ich nichts von »Mopeds« verstehe, ahne ich doch, was Sie durchgemacht haben. Nämlich lustige Zeiten. Bei mir – ich schweife ab.

Ich bemühe mich also, verängstigt auszusehen wie ein verlassenes Frauchen, was nicht so schwierig ist, weil ich von allein wie ein schlotterndes Weib aussehe, das sich vor der Polizei fürchtet und allen Grund dazu hat. Gottseidank kann Wachtmeister Thiede den Unterschied nicht erkennen. Er thront als Fleischklops hinter seiner Schranke, ich stehe mäuschenhaft davor (obwohl ich sehr groß bin, schrumpfe ich angesichts von Behörden auf Gartenzwerg-Format) und fühle mich wie das Schulmädchen vorm Weihnachtsmann-Darsteller: »Warst Du auch immer brav, Irene?« Nein. Nein, war ich nicht. Nein, fragt er nicht. Er fragt mehr etwas wie »Schnchollnjao?« Das ist Polizeideutsch für »Guten Tag, was wünschen Sie bitte?«, wie ich mir leicht ausrechnen kann. Auf dem Tresen steht auch eine ganz dumme Topfpflanze herum, wahrscheinlich von Thiede selbst erfunden und zusammengeschraubt. Jeden Tag gegen Abend geht sie ein und wird weggeworfen, morgens steht sie aber wieder da. Wenn man sie gießt, quietscht sie wie eine schlechtgeölte Tür und – ich reiße mich zusammen: »Vermißtenanzeige«, stottere ich, »ich möchte eine Vermißtenanzeige aufgeben.«

»Sie haben also Ihren Schlüsselbund verlegt«, folgert Thiede messerscharf und überraschend artikuliert. Vermutlich ist das der einzige Grund, aus dem jemals irgendeine Frau ihn angesprochen hat. In seinem Gesicht könnte man Ski fahren. »Ich habe meinen Mann verlegt«, gebe ich zurück, »äh, verloren, äh, ich mein', er ist weg.« Pause. »Schä.« (Thiede.) Pause. »Nu.« (Thiede.) Pause. Knallrot ist seine Nase, bemerke ich jetzt erst, weil sie im Halbdämmer beinahe leuchtet, knallrot und knallrund wie eine Kartoffel, aber eben rot – ich komme durcheinander. »Wirklich, er ist weg!« probiere ich es noch einmal. Thiede: »Kommt vor...« Ich: »Er würde niemals...«, dann breche ich ab, weil er natürlich immerzu würde und auch hatte. Das weiß ja auch jeder hier oder glaubt es zu wissen.

»Am besten, Herr Wachtmeister, ich erzähle Ihnen alles von Anfang an. Also, ich war auf Reisen, aber vorher wollte er Zigaretten holen gehen. Nein, er ging Zigaretten holen, kam aber wieder und dann fehlten die Streichhölzer und dann haben wir uns gestritten und dann bin ich verreist und wie ich nach fünf Wochen wiederkam, war er immer noch nicht da also normal ist das nicht oder? nicht mal bei Otto nein ich weiß was Sie sagen wollen stimmt aber nicht habe alle angerufen nach fünf Wochen war er immer wieder da sonst das wissen Sie ja auch.«

Nun muß ich doch eine Pause machen, obwohl ich das nicht wollte, weil Thiede schon die ganze Zeit Anstalten macht, aufs Klo zu gehen. So was kann ja immer Stunden dauern. Da ich aber mein Anliegen nun schon rausgebracht habe, muß er es erst aufnehmen und das Klo sozusagen verschieben. Obwohl man sehen kann, er denkt: »Der Alte wird sich amüsieren, hat er auch verdient, bei der Alten«, nimmt er schließlich widerwillig die Anzeige auf. »Schnchollnjao?« (Ob das alles ist, Sie hören dann von uns, ich möchte nicht länger gestört werden...) »Danke, Herr Wachtmeister«, seufze ich, und hoffe, besorgt auszusehen. Mit seiner Nase kann er sich den nächtlichen Heimweg beleuchten.

Wenn jeder Behördengang so wird, lasse ich lieber Gras über die Sache wachsen – obwohl man mich unweigerlich für eine Mörderin halten würde. Wissen Sie etwas über den Stand der Ermittlungen? Falls es etwas Persönliches war, geht es ja möglicherweise auch uns beide etwas an. Ich möchte nicht umgebracht werden! Vielleicht kommt Ihnen die Befürchtung ein wenig hysterisch vor, doch solange wir nicht wissen, womit OW sein Geld verdient hat, können immer noch Leute etwas suchen, von dem wir nichts ahnen – ich habe schon mal einen Krimi gelesen, in dem so was vorkam. Allerdings: Waffenschmuggel? Koks? Hehlerei? – Ach, das alles scheint mir viel zu anspruchsvoll für ihn. Ich habe hier alles durchsucht, doch außer einer erstaunlich umfangreichen Pornoheftesammlung war in seinem »Arbeitszimmer« nichts zu finden.

Ich hoffe, bald von Ihnen zu hören und verbleibe mit besten Grüßen, Ihre

Irene Todtenhaupt

* * *

Hamburg, 14. Oktober

Liebe Frau Todtenhaupt,

die Kripo tippte zuerst auf Raubmord, weil sie keine Papiere und kein Geld bei Werner gefunden hatten, sondern nur einen Vibratoren-Katalog. Die Obduktion ergab dann, daß er bereits einem Herzinfarkt erlegen und das Schädeleinschlagen völlig überflüssig gewesen war. Seinen Namen kriegten sie raus, weil er einen Brief meines Rechtsanwalts bei sich hatte, mit der Scheidungsklage. An den Rand hatte ich noch dazugekrakelt, daß, falls er sich nicht auf die Scheidung einließe, ich einen Privatdetektiv anheuern werde, der seine Umtriebe mal genauer unter die Lupe nehmen solle. Das war nicht ernst gemeint, nur so ein Schuß ins Blaue, weil mir schwante, daß Werner sich nicht so ratzfatz scheiden lassen würde. Eine Woche vorher nämlich hatte er mir noch im Vollsuff gestanden, daß er davon träume, mit mir in einem Reihenhaus in Wolfsburg zu leben. Oder war es Gifhorn? Auf jeden Fall aber mit lauwarm abwaschbarem Kunstrasen. Ein strenges Glück! Aber nicht mit mir. – Sagen Sie jetzt mal selber!

Nun ja, wegen dieser Dokumente und sowieso als Ehefrau stand ich erst mal unter Verdacht: Ich hatte zum Glück ein wasserdichtes Alibi, weil Kläre mich zur Tatzeit auf eine Tupperparty geschleppt hatte, zu der sie eigentlich sich selbst angemeldet hatte. Sieben oder acht Damen konnten also meine Anwesenheit dort bezeugen. Kläre ist natürlich gleich wieder abgehauen mit ihrem Günter oder Klaus oder Eberhard. So hat dann diese Party im nachhinein doch noch einen Sinn bekommen. Mal abgesehen von den wirklich praktischen Dosen, in denen man Rabattmarken, Knöpfe und einzelne Ohrringe aufbewahren kann. Warum man so was in den Kühlschrank stellen soll, weiß ich allerdings nicht.

Die Polizisten waren sonst sehr nett und konnten

auch richtige Sätze mit Subjekt, Prädikat, Objekt bilden, nicht so wie Ihr Wachtmeister. Solche gibt es hier aber auch, denn gerade hat ein Hauptmeister – was auch immer das ist – ein Buch mit Reimen herausgegeben. »Sei zu Deiner Kollegin nett, steige nicht mit ins Bett. Hat sie auch noch so große Ohren, sei nicht unverfroren! Deine Blicke schweifen weit, wenn der Hintern ist breit.« Allein wegen des Versmaßes gehört der schon erschossen. Überhaupt hat es die Hamburger Polizei mit dem Dichten. Im letzten Sommer verteilten sie auf der Reeperbahn Flugblätter, in denen sie Freier davor warnten, Prostituierten ihre Kreditkarten samt Geheimnummer zu überlassen. Was wohl reichlich vorgekommen war und zu höheren Abhebungen als vorher vereinbart geführt hatte. »Während er vor Sehnsucht schmachtet, sie nach seiner Kohle trachtet«, hieß es in der Titelzeile. Das Versmaß ist in diesem Fall ja korrekt, der Vers selbst größtenteils geklaut, aber auf »Sehnsucht« wäre ich von allein nicht gekommen. So ein Dichterhirn wird uns Frauen wohl für ewig verschlossen bleiben.

A propos Sehnsucht: Als OWs Beruf hat die Kripo »freier Vertreter« ermittelt. Ich kriegte dann auch einen Kondolenzbrief einer Porno-Firma aus der hessischen Provinz, allerdings erst im zweiten Anlauf, denn zuerst hatten sie mir aus Versehen einen Standard-Werbebrief zugeschickt: »Nur wer die Sehnsucht kennt, weiß wie ich leide – leiden? Aber nicht mit uns! Füllen Sie umgehend den beiliegenden Coupon aus...« usw. Mir hatte OW gesagt, daß das Vertretertum eine seiner Tarn-Existenzen sei, um leichter an Landesverräter heranzukommen. Ganz habe ich ihm das nie geglaubt, denn ein anständiger Landesverräter hätte das Sortiment, das OW bereithielt, bestimmt als zu abgegriffen von sich gewiesen.

Kläre hat mir eine Karte aus Mallorca geschrieben, sie hätte einen Mann in einer Bar gesehen, der wie OW aussah. Das dürfte auf Mallorca nicht so schwer sein. Außerdem hat sie mir schon mal erzählt, daß sie den Führer gesehen hätte, und zwar nach 45. Das glaube ich ihr aufs Wort. Ich hätte auch Visionen, aber hoffentlich schönere, wenn ich das Zeug, das sie jeden Tag in sich hineinschüttet, zu mir nehmen würde. Und abends dann Valium, bis es kracht.

Herzliche Grüße von Ihrer

Marie-Luise Fleischmann

* * *

Hahnenhorn, 23. Oktober

Liebe Frau Fleischmann,

ich habe schon viele Männer gesehen, die wie OW aussahen, allerdings bevor ich ihn kennenlernte. Auf dem Dorf lernt man dann ja keine Männer mehr kennen. Mit OW war das so, daß ich ihm in einer Bar begegnete; in Jimmys Bar in Essen. Dort gab es damals 27 Whiskysorten, und so fing alles an. Nach dem fünften Whisky (ich vertrage leider wenig) war ich ein bißchen angetrunken und fragte den Herrn neben mir: »Kennen wir uns nicht?« Das meinte ich durchaus ernst, weil er eben aussah wie mindestens fünf andere Männer aus meinem Vorleben.

Außerdem hatte ich gerade versehentlich eine Schale mit Erdnüssen über seiner Hose ausgeleert und hatte deshalb das Gefühl, etwas Verbindliches sagen zu müssen. Überhaupt sehen Männer im Anzug für mich alle gleich aus, schon zumal nach dem fünften Whisky. Da ist auch ohne Anzug einer so gut wie der andere.

Jimmy allerdings sah anders aus. Er trug eine sehr bunte Weste, für die man eigentlich einen Waffenschein braucht, weil sie dazu geeignet ist, zartere Gemüter in Ohnmachten zu treiben. Wir waren beinahe befreundet, denn ich hatte damals häufiger im Ruhrgebiet zu tun. »So – mein bester Whisky, der Herr«, sagte er zu jedem männlichen Gast, egal welche Sorte er servierte, und zwar mit einer Betonung, die verriet, daß er den Herren lieber ganz etwas anderes geboten hätte.

Das war schön zu sehen, wie die Vertreterknechte am Tresen herumhingen und kumpelhaft mit dem Barkeeper ihre Bumsgeschichten tauschen wollten. Einige versuchten das tatsächlich. Dann zwirbelte Jimmy an seinem Schnauzbart herum und erwähnte, daß er neulich auch einen ganz reizenden jungen Herrn kennengelernt hätte, der aber sowas von versaut – weiter mußte er gar nicht erzählen. Leider sagte er auch »So – ein Schatto Nöff dü Pump, bitte sehr, hahaha«; und zwar jedesmal, wenn ich ein Wasser zum Whisky bestellt hatte. Deshalb bin ich da dann bald nicht mehr hingegangen.

Aber beim letzten Mal traf ich eben mein Schicksal, als ich die Erdnüsse zwischen OWs Beinen hervorsammelte und sagte: »Kennen wir uns nicht?« Er muß das falsch verstanden haben. Geantwortet hat er allerdings nicht, sondern einfach eine andere Schale mit Erdnüssen genommen und die auch noch in seinen Schoß geschüttet. Wahrscheinlich hat er seiner Firma später geraten, Erdnüsse in das »Erotic Force«-Programm aufzunehmen. Über seine sonderbaren Hobbys hatte ich mich zwar gewundert, aber daß er damit sein Geld verdient, darauf wäre ich nicht gekommen.

Ich habe geglaubt, er hätte immer das Sortiment von Riesenvibratoren in der Nähe, um sich anzuspornen. Hat er Ihnen mal den in Gurkenform gezeigt? Was habe ich gelacht!

Ich gebe zu, daß ich damals bezaubert war, jedenfalls lange genug, um ihn zu heiraten. Es hatte aber auch damit zu tun, daß ich nicht länger im Ruhrgebiet herumreisen wollte. Hahnenhorn war mir ja noch unbekannt und folglich konnte ich auch nicht wissen, daß mir später selbst Essen und Jimmy und Schattonöffdüpump erstrebenswerter vorkommen würden. Vielleicht hätte ich Jimmy eine Schein-Ehe anbieten sollen?

Meinen unseligen Hang zu folgenreichen Fehlentscheidungen hatte schon meine alte Englischlehrerin erkannt. Fräulein Seidel (mit Dutt und Brille) sagte immer: »Irene, du wirst dich noch mal unglücklich machen.« So was sollte man zu jungen Menschen auf keinen Fall sagen, finde ich, auch wenn es nur um die korrekte Aussprache von »th« geht. Meine Chefin, Frau Karge, im »Haus der schönen Dinge« in Dörpfeld, hat unangenehme Ähnlichkeit mit Fräulein Seidel. Sie sieht permanent beleidigt aus ihren rosa Pullovern und ihren Rüschenblüschen, die ihr Kommandanten-Naturell irgendwie verkleiden sollen. Einen Dutt trägt sie aber nicht, und sie sagt auch lieber, daß ich *sie* noch mal unglücklich machen werde mit meinem Ungeschick und allem.

Vorhin kam Tante Sophie mit Eimer und Schrubber ins Zimmer, weil sie ihre Putz-Phase immer noch nicht überwunden hat. Sie zog ein monströses Ding aus dem Wassereimer und hielt es mir anklagend unter die Nase: »Was *ist* das?« Das konnte ich ihr unmöglich erklären. »Äh – Kunst, gib her«, sagte ich beiläufig, und versuchte, es ihr zu entwinden. Sie packte es aber auf der anderen Seite ganz fest an, es gab ein Geziehe und Geschiebe, und jetzt ist der Motor im Eimer, denn es war natürlich die Gurke. Schade, vielleicht hätte ich noch jemandem eine Freude damit machen können. Sophie hat aber nicht verraten, wo sie das Monstrum gefunden hat – ich hatte doch schon alles abgesucht und absolut nichts entdeckt. Richtig bockig wurde sie. Vielleicht Altersstarrsinn? Ich werde noch mehr auf sie achten müssen. Und auf die Gurken natürlich auch.

Herzliche Grüße, Ihre

Irene Todtenhaupt

Hamburg, 7. November

Liebe Frau Todtenhaupt,

es muß früher ein Gesetz gegeben haben, daß alle Englischlehrerinnen Frl. Seidel heißen müssen. Unsere nannten wir Wözwöz, weil ihr Lieblingsdichter Wordsworth war. Nach der Entnazifizierung hatte sie in Hamburg für den Tommie gedolmetscht, wovon sie immer noch schwärmte. Nie werde ich ihren Satz »And then we went to the Völkerkunde-Mjusium« vergessen. Darüber konnten wir uns in der 6. Klasse totlachen. In der 6. Klasse kann man sich überhaupt über alles totlachen, vor allem über Sachen, die man gar nicht versteht. Als wir 68 die Turnhalle mit Matratzen auslegten und ein freies Sexualleben ausriefen, war Frl. Seidel wider Erwarten überhaupt nicht schockiert. Ich nehme an, daß es beim BDM auch nicht anders zugegangen ist. Heute haben die Englischlehrerinnen lange Hosen an, heißen Frau Sowieso-Sowieso und diskutieren mit den Schülern amerikanische Schlagertexte. Das ist ein Leben!

Heute gibt es ein Gesetz, wonach alle Männer, die im Fernsehen nach »Partnerinnen« suchen – als ob sie ein Geschäft mit denen aufmachen wollten – Frank heißen müssen: »Frank, sagen Sie doch mal was über sich!« »Ja, also, eh, ick heiße, wie schon jesagt, Frank und...« oder »Frank, sind Sie tierlieb?« »Jawoll! Bis letztet Jahr hatt' ick 'n Aquarium...« Das war aber schon der dritte Frank.

Leider gibt es kein Gesetz gegen abgekürzte Namen. Ich hoffe, niemand nennt Sie »Reni«. OW hat ein paarmal versucht, mich »Lou« zu nennen, was ich mir aber verbeten habe, ich bin doch keine Salonschlange. Das mag aber auch daran gelegen haben, daß wir uns in einer Bar kennengelernt haben. Ja, auch in einer Bar! Es war die Bar des »Kaiserhof«, wo ich heute noch arbeite. Damals mußte ich ab und zu für die Assistentin von Charly, dem Barkeeper, einspringen. Der hieß natürlich nicht Charly, aber in diesem Hotel mußten alle Barkeeper Charly heißen, weil viele Gäste mit Alzheimer zu kämpfen hatten. Das war eine schöne Bar, ganz in Plüsch und Marmor und mit einem Klavierspieler, der »Tea for two« spielte, und, wenn ich auf der Bildfläche erschien »Schön ist jeder Tag, den du mir schenkst, Marie-Luise«. Wenn zufällig andere Leute unter hundert hereinkamen, spielte er auch »Strangers in the Night«, als Zugeständnis an moderne Zeiten.

Jedenfalls sagte OW im Laufe des Abends zu mir, diese Arbeit sei doch wohl nichts für mich – als wäre ich da anschaffen gegangen! Tatsächlich war ich damals zuständig für die Zimmermädchen und das andere Reinigungspersonal und für die respektiven Anschaffungen. – Ist Ihnen eigentlich schon mal aufgefallen, daß in unserer Kinderzeit ein Gesetz bestanden haben muß, daß alle deutschen Reinigungsmittel von vorne und von hinten gleichermaßen gut zu lesen sein müssen? Imi, Ata, Omo? Um das zu unterlaufen, muß Persil ganz schön tief in die Tasche gegriffen haben.

OW war übrigens zusammen mit Kläre da, die auf Teufel komm raus mit Charly zu flirten versuchte. Das klappte auch ganz gut, weil Charly schwul ist, und Schwule stehen ja häufig auf aufgedonnerte alte Schachteln, die sich danebenbenehmen. Jedenfalls war sie am Ende so besoffen, daß OW und ich sie gemeinsam ins Bett schaffen mußten. Und wo jetzt das Thema »Bett« schon auf dem Tisch lag, wenn Sie mir diese Metapher verzeihen wollen – da kam dann eins zum anderen. An sich war ich schon seit längerem von one-night-stands abgekommen, weil die ja nicht besonders erheiternd sind und man sich hinterher den Mund fusselig reden muß (»Das macht doch nichts, das kann doch jedem mal passieren«), aber diese Geschichte stellte sich dann doch, wie wir ja alle wissen, als etwas Dauerhaftes heraus. Er war höflich, immer gut gewaschen und schien das nötige Kleingeld zu haben. Wenn man wie ich ein abgebrochenes Studium und nur Jobs hinter sich und vor sich hatte – von der Rente kann man später ja noch nicht mal einen Hamster ernähren – dann kommt man bei so einem Mann schon mal ins Grübeln.

Herzliche Grüße von Ihrer

Marie-Luise Fleischmann

* * *

Hahnenhorn, 14. November

Liebe Frau Fleischmann,

anscheinend liebten alle Englischlehrerinnen Wözwöz. Meine auch! Sind wir etwa auf dieselbe Schule gegangen? Ich war allerdings auf einem Mädchengymnasium, dem Ingeborg-Anna-Glock-Lyceum. Das war nicht katholisch, auch wenn es sich so anhört. Als ich Frl. Seidel einmal fragte, wo eigentlich die »Yates« seien, von denen sie immer sprach, bekam sie hektische rote Flecken am Hals und fing an zu stottern: »... w-wirth dich unglücklich machen!« Ich hatte an Wälder oder Sümpfe in Yorkshire gedacht, sie aber an William Butler Yeats. Dann habe ich lieber nicht mehr gefragt, warum ein Hausangestellter so berühmt geworden ist. Selbst ich habe manchmal Instinkt, bevor ich mich unglücklich mache, aber in der Ecke thtehen muthte ich trotzdem.

Mich hat nie jemand Reni genannt, nur OW nannte mich Irre und behauptete, das sei die Kurzform von Irene. Es war mir aber egal; man kann sich nicht um alles kümmern, finde ich.

Die Gurke habe ich mit zur Arbeit genommen, nachdem ich die Überreste des Motors entfernt habe. Frau Karge staunte nicht schlecht, als ich ihr das Ding zwischen die Spitzendeckchen knallte. Sie hat kein Talent fürs Geschäft, weil sie bloß an ihrem eigenen rosa Rüschenblüschen-Geschmack klebt. Gern mag sie auch Porzellan mit Gänsen drauf. Die Gänse haben Rüschenhüte auf und rosa Schleifen um den Hals, so wie sie uns in Hahnenhorn und Dörpfeld täglich begegnen. Das kann man bei uns, im »Haus der schönen Dinge«, in verschiedenen Varianten kaufen (die Farbe der Hüte ist nämlich unterschiedlich). Selbst Salzstreuer, Eierbecher, Serviettenringe, Kerzenhalter und Klobürsten gibt es in diesem Design. Gekauft wird das nur von sehr jungen Frauen mit Dauerwelle oder ihren Freundinnen, die ihnen die Gänseherden zur Hochzeit in die Geschirrschränke treiben wollen. Über die Scheidungsrate wundere ich mich nicht mehr.

Die Gurke habe ich also als Prototyp moderner Küchendekoration ausgegeben. »Frau Karge, das habe ich in ganz gediegenen Etablissements in Hamburg gesehen!« Da konnte sie natürlich nichts machen, denn sie ist nur mal bis Harburg gekommen, weil ihre Schwägerin da wohnt. Frau Karge hätte auch lieber ein »Etapplissemang«, denn das hält sie für einen sehr vornehmen Laden. Ja, Frau Karge möchte gern nach oben, hat es aber bisher nur zur gehobenen Nase gebracht. Gern sagt sie auch, sie habe das ja alles gar nicht nötig und ihr Verstorbener sei Beamter gewesen. Und so sauber! Mit dem habe sie wirklich Glück gehabt. Gemeinsam mit Frau Karge habe ich die Gurke ins Schaufenster dekoriert, mittenmang die Gänseteller. Es war so eine Art Experiment, und es hat auch funktioniert. Die Männer gehen mit dem üblich flüchtigen Blick an unserem Schaufenster vorbei, plötzlich halten sie inne, eine gewisse Scheu überzieht ihre Miene und dann ihre ganze Gestalt – sie schrumpeln einfach ein Stück ein. Ja, sollte Ihnen je wieder einer lästig fallen, halten Sie ihm eine stramme Gurke vor die Nase.

Ich gebe zu, daß ich das brauchte. Allmählich glotzen mich nämlich alle hier mitleidig an, weil Wachtmeister Thiede am Stammtisch ein wenig geplaudert hat. Wahrscheinlich hat er bloß »Schnchollnjaotonhaupp?« gesagt und sich diverse Schnäpse dafür ausgeben lassen. Seine Kumpane haben aber sofort alles verstanden, denn als ich neulich beim Friseur war, wo man ja immer bis zur Unkenntlichkeit entstellt herumsitzt – die Trockenhaube bis über die Augen runtergedrückt und einen rosagrau geblümten Kittel über dem Rest; das alles soll uns doch bloß sagen, was für ein Meister der Friseur ist, der aus diesem Haufen Unglück wieder ein ansehbares Stück Frau zaubert –, kurz, ich war beim Friseur, wurde nicht erkannt und hörte, wie die Nachbarin zur Fleischersfrau sagte: »Haben Sie schon gehört, der Mann von der alten Todtenhaupt ist wieder weg und soll schon lange zwei Kinder in Hildesheim mit einer Stripteasetänzerin haben, vielleicht auch mit zweien und die ist ja auch nicht von hier, und er auch nicht, da weiß man ja doch nie, ob nicht –« an dieser Stelle entschloß ich mich, den Laden zu verlassen. Falls Sie in nächster Zeit etwas über Außerirdische in der Lüneburger Heide hören, denken Sie daran, daß nur ich das war, wie ich mit Lockenwicklern und Haarwaschkittel über die Dorfstraße galoppierte. Versehentlich habe ich die Haube mitgenommen, das ist wahr. Ich habe sie aber später zurückgebracht!

Die Fleischersfrau sieht aus wie der lebendige Beweis für die Lebensregel »Du bist, was du ißt«, nämlich Schweinswurst und Restesülze. Sie tratscht im Laden die ganze Zeit, am liebsten natürlich über Katastrophen. Als Bauer Alps sich erschossen hatte, kriegte sie drei Tage lang richtig rote Wangen. Vor Jahren hat sie sich im Getratsch schon einmal versehentlich den Finger abgehauen. Das war ein schöner Tag. Seitdem gibt es aber eine Verkäuferin fürs Hacken und Einpacken, und die Fleischersche ist nur noch fürs Quatschen da. Wahrscheinlich redet sie zu Hause mit dem Fernseher, wenn ihr Mann in »Müllers Gasthof« sitzt, und das tut er jeden Abend. Er wird wissen, warum.

Tante Sophie ist noch immer nicht so ganz bei sich. Sie läßt Sie aber grüßen. So sauber war es hier noch nie. Als sie allerdings anfing, das Haus von außen mit dem Staubsauger zu bearbeiten, habe ich sie doch gebremst. Sie schuftet sich ja sonst kaputt, und außerdem tut man so was, glaube ich, nicht. Wegen Tante Sophie konnte ich bisher auch noch nicht sämtliche Hinterlassenschaften unseres Ehemanns kontrollieren, da sie dauernd mit dem Wischmop hinter mir hertrottelte, und ich nicht wollte, daß sie Dinge sieht, die sie verstören. Der Mahagoni-Sekretär hat verführerischen Hochglanz angenommen. Die restlichen Vibratoren habe ich weggeschmissen. Einer war schwarz, genoppt, und machte Stöhngeräusche. Den hätte mir nicht mal Frau Karge abgenommen.

Mit freundlichen Grüßen, Ihre

Irene Todtenhaupt

Hamburg, 18. November

Liebe Frau Todtenhaupt,

Mit »Außerirdischen« können Sie mich nicht erschrecken, die sind quasi mein täglich Brot. Hier im »Kaiserhof« haben wir schon alles gehabt: Vom Kellermeister Herrn Weimer, der mit seiner Strickliesel die unerhörtesten Kreationen schuf, meistens aber nur Hüllen für Kleiderbügel, bis hin zu Otto von Habsburg. Neulich hatten wir hier einen Ufologen-Kongreß, und ich habe zwischendurch mal reingeschaut. Da fragt man sich ja unwillkürlich, ob es überhaupt intelligentes Leben auf der Erde gibt. Einige Tage später mußte ich mir diese Frage erneut stellen. Meine Nichte Petra kam vorbei, um sich zwanzig Mark »bis Donnerstag« zu leihen. Sie studiert »Kulturwissenschaften«, was bedeutet, daß sie sich jede Vorabend-Serie im Fernsehen angucken muß und auf Parties geht, die erst nachts um zwei anfangen. Diesmal lud sie mich zu einem »event« ein, der aber schon früher anfangen sollte. Ein neuer Fernsehsender wurde eingeweiht, und es gab eine Rie-sen-party! Da war ich doch gleich dabei! Es waren schrecklich viele Stars angekündigt, deshalb mußten wir viermal durch die »Security« überprüft werden. In das AKW Krümmel bin ich einmal leichter reingekommen.

Es gab viel zu gucken, allein die Klamotten. Ich mache ja auch jeden Scheiß mit, aber nicht zweimal. Erinnern Sie sich noch daran, was wir vor mhm-

mhm-mhm-Jahren getragen haben? Karierte Hosen und kackbraune Pullover mit so engen Ärmeln, daß man auf der Stelle Schweißringe unter den Armen hatte? Ich glaube aber nicht, daß sie heute noch diese Hüfthalter dazu tragen, die vor der ersten Wäsche schlimm nach Gummi rochen, und nach der ersten Wäsche noch schlimmer. Jedenfalls fühlte ich mich gleich zwanzig Jahre jünger. Die Männer hatten teils gebatikte Hosen an, teils sahen sie aus wie OW. Petra war gleich verschwunden. Da ich ziemlich wenig fernsehe, konnte ich keine Berühmtheiten ausmachen. Einige Male pirschte ich mich an glamourös aussehende Paare heran, es stellte sich aber meistens heraus, daß es der Hauselektriker mit seiner Frau war. Da ging ich gleich wieder weg. Mit Elektrikern kann ich mich noch das ganze Jahr unterhalten. Peter Maffay (»Es war Sommer«), auf den ich sehr gehofft hatte, erschien leider gar nicht. Dafür war aber sein Thema »Ich war sechzehn, sie war einunddreißig« in vielen Varianten vertreten. Es gibt doch tatsächlich schon mehr Frauen in leitenden Positionen, als man denkt. Wenn Sie mich fragen, dann sind mir junge Säcke allerdings auch lieber als alte Säcke.

An der Bar fragte ich die Frauen, auf wen sie sich am meisten freuten. Sie freuten sich am meisten auf David Bowie, von dem ich auch nur zwei Meter entfernt stand, als er symbolisch auf einen Knopf drückte oder auf einen symbolischen Knopf drückte, jedenfalls irgendwas Symbolisches tat, um den Sender einzuschalten. Danach unterhielt er sich auf englisch über Krebs, glaube ich, mit zwei Personen von der Gruppe Scorpions, von denen die eine Person aussah, als würde sie hinterher gleich die Halle anzünden, was auch nicht verkehrt gewesen wäre. Denn anschließend spielte eine Kapelle so laut, daß man überall einen Hörsturz kriegte, sogar in der Schnittchen-Ecke, in die mich verkrümelt hatte.

Den Absturz von 1500 Personen, die im Grunde nicht von dieser Welt waren, habe ich dann nicht mehr miterlebt, weil mir von den scheußlich schmekkenden Tequila Sunrises, die es umsonst gab, sehr schlecht wurde. Ich kam kurz nach Mitternacht zu Hause an, da stand schon Trudi aus dem dritten Stock vor meiner Tür. Der haben sie das Telefon abgestellt. Sie mußte mal telefonieren, und zwar dringend. Ich ließ sie rein und brach ins Waschbekken, während sie sich den Hörer griff: »Hallo? Kann ich ma ne Bestellung aufgehm? Also – acht Flaschen Holsten und...« Irgendwie auch schön, wenn man es wieder mit ganz normalen Erdlingen zu tun hat.

Liebe Frau Todtenhaupt, auch wenn manche Parties enttäuschend sind – man kommt unter Menschen und sieht was anderes als Gurken und Gänse! Ihnen würde es sicher auch gut tun mal auszugehen, und wenn es nur mit dem Kirchenchor ist. Oder haben Sie eine Gemischte Liedertafel? Irgendeinen Kulturträger wird Hahnenhorn doch wohl anzubieten haben!

Übrigens bin ich auch auf ein Ingeborg-Anna-Glock-Lyceum gegangen, in P. Da müßten wir uns zumindest vom Sehen kennen, denn ich glaube nicht, daß es noch woanders ein Institut mit einem so bescheuerten Namen gibt. Was hat die Frau eigentlich Furchtbares verbrochen, um auf diese Weise verewigt zu werden? Zum Glück wurde unsere Schule immer nur »Pudding-Gymnasium« genannt.

Beste Grüße von Ihrer

Marie-Luise Fleischmann

* * *

Hahnenhorn, 21. November

Liebe Frau Fleischmann,

um das mal klarzustellen: Ingeborg Anna Glock war die Erfinderin des klumpfreien Puddingpulvers, deswegen auch »Pudding-Gymnasium«. Allerdings hatten Glocks Puddinge immer noch Haut obendrauf, weswegen sie heutzutage zu Recht vergessen ist. Sind Sie übrigens etwa Marie-Luise Hellmann aus meiner alten Klasse? Das kann ja wohl bald nicht angehen!

Falls Sie nicht lügen wie unsere Fleischersche, beneide ich Sie aber sehr um Ihre mondänen Vergnügungen! Obwohl Sie doch auch mehr so aus meiner Zeit stammen (Abiturjahrgang 1970), trauen Sie sich derart mitten in das pralle Leben. Das würde Ihnen hier niemand glauben, nicht mal unsere Fleischersche, die sonst praktisch jeden Quatsch glaubt, damit sie ihn weitererzählen kann, und weil es sie grundsätzlich irgendwie belebt, von den Menschen nur das Schlechteste zu denken. Nun ja, es spricht einiges für diese Methode.

Das letzte Mal, als ich »aus« war (so sagt man hier), wurde mir das durch allerhand widrige Umstände verdorben. OW hat mich immer mehr zu Hause eingesperrt, so daß das Hahnenhorner Schützenfest im Sommer schon etwas ganz Besonderes war. Ich hatte mir vorher extra ein neues Kleid bei Quelle bestellt. Dummerweise sind etwa fünfzig Hahnenhornerinnen auf dieselbe Idee gekommen, und noch dazu auf dasselbe oder ein ähnliches Modell, obwohl die Auswahl wahrhaftig groß genug war. Ich hatte grau mit gelben Streublümchen und gewagtem Ausschnitt, in den OW mir am späteren Abend einen Schnaps goß, weil »Stimmung« war, und das hatten alleine noch zwei andere an. Am beliebtesten war allerdings rot mit grün und nicht ganz so gewagtem Ausschnitt, sowie lila »mit Effekt«, also mit irgendeinem Glitzer darauf. Und glauben Sie ja nicht, daß man beim nächsten Schützenfest das Kleid noch mal anziehen darf. Die Fleischersche hatte Gottseidank ein anderes Modell, weil unseres in Übergrößen nicht angefertigt wird.

Das Schützenfest dauert etwa eine Woche, mit Vor- und Nachwehen vielleicht zwei bis drei. Es besteht aus einer Menge großartiger Gelegenheiten, Frauen Schnaps in den Ausschnitt zu schütten, und einer Reihe etwas weniger großartiger Gelegenheiten, bei denen man aufpassen muß, nicht in einer Bierlache auszurutschen. Außerdem gibt es einen kleinen Rummel und sehr viele Würstchen, einen Festumzug mit Verkleidung und Musik, und einen Schützenkönig, der am Ende alles bezahlen muß. Und Tanz! Mit Live-Musik von »The Dominoes« oder »The Heartbräkers«. Beide Bands würden ehrlicher »Tote Heringe in Dosen« heißen, aber das Schützenfest ist nicht der richtige Ort für Ehrlichkeit, weil zuviel Gewehre in der Nähe sind. Letztes Jahr ist der Schwiegersohn vom Bürgermeister dem Stiefcousin vom Arzt mit der Flinte hinterhergejagt, weil der mit der Großnichte vom 2. Bürgermeister mal kurz hinter das Festzelt verschwinden wollte. So blieb jedenfalls alles in der Familie. Hatte ich vergessen zu erwähnen, daß der Bürgermeister und der Arzt im dritten Grade verschwägert sind? Auch der Schrot blieb so in der Sippe, bzw. kam wieder heraus, nachdem der Arzt den Allerwertesten des Stiefcousins behandelt hatte. Heute sind aber alle wieder die besten Freunde, und die Schrotkugeln haben einen Ehrenplatz auf dem Kamin vom Stiefcousin vom Arzt. Das hat mir die Fleischersche erzählt, als sie noch ihren Redeschwall über mich hinglitschen ließ. Jetzt, wo mein Mann unsichtbar geworden ist, würdigt sie mich keines Blickes mehr. Das wird ihr sauer werden!

OW fand es gar nicht schlimm, daß fast alle Frauen dasselbe Kleid anhatten, weil er sich dann nicht so viel Mühe mit dem Unterscheiden geben mußte. Nach dem siebten Bier nannte er sowieso alle Schatzi und achtete nur noch darauf zu humpeln, sobald ich mit ihm durch die Bierlachen walzen wollte. Andere Blümchenkleider schwenkte er herum, während ich mir die Nase pudern ging. Auf dem Weg zum Klowagen gab es allerdings auch einiges zu sehen! Schön war das nicht, aber lehrreich.

Mit neidischen Grüßen, Ihre

Irene Todtenhaupt

P.S. Der Brief war schon zugeklebt, aber jetzt ist doch etwas Tolles passiert! Tante Sophie hat wieder wie eine Irre den Sekretär abgescheuert und wurde dabei ganz zappelig: »Irene – wo doch du meine Nichte bist und nicht Otto« (das hatte bis jetzt auch niemand behauptet) »ich mein – ich weiß ja man nicht, wie ich das sagen soll« (walkt den Putzlappen wie einen Hefeteig zwischen den fleißigen Händen) »ich soll dir das ja man nicht sagen, sagt er, aber wo er jetzt tot ist, ist er doch nicht meine Nichte und –« (hier unterbreche ich, bevor sie den Putzlappen aufißt. Sie macht nämlich Anstalten dazu, und vielleicht hat sie so etwas früher schon getan? Du bist, was du ißt...) »Tante Sophie«, sage ich in meinem allerstrengsten Nichtenton, »du mußt mir sofort alles sagen!« Jetzt guckt sie ganz ängstlich. »Auch, wie er damals mit der Fleischerschen?« Unglaublich! Der war sich ja wohl für gar nichts zu schade. »Nein, das nicht«, sage ich und meine es auch so. »Also hier ist«, schon bricht sie wieder ab und sucht im Putzlappen nach dem Satzende, »ja?« helfe ich nach, »der Schlüssel«, würgt sie endlich hervor, wirft mit etwas nach mir und flieht aus dem Zimmer. Zwei Meter neben mir auf dem Fußboden liegt ein zierliches Schlüsselchen, das aussieht, als könne es zu dem Mahagoni-Sekretär passen! Nur ist der dummerweise gar nicht abgeschlossen, also unten jedenfalls nicht. Die Schubladen schon, der Schlüssel paßt – nichts als Papiere. Anscheinend Geschäftsunterlagen für »Erotic Force«, das werde ich nachher überprüfen. Denn wie ich ganz enttäuscht dastehe, mit Tante Sophies Putzlappen sinnlos über die Oberfläche fahre, immer hin und her, und dabei merke, daß Sophie und ich eben doch verwandt sind – da knallen plötzlich die Schubladen raus! Ich stehe bis zu den Knien in Geschäftsunterlagen und sehe ein Geheimfach. Jawohl! Hinter den Schubladen liegt der Strand! Der Schlüssel paßt, ich wappne mich für das Luxusmodell Dildo »mit Effekt«, aber statt dessen – liegt da Geld. Echt viel Geld, und echt mein Geld. Angeblich hatte er es für mich angelegt, dann ist es aber »verloren gegangen«. Haha! Das wird ein Leben! Sie hören von mir!

* * *

Hamburg, 26. November

Liebe Irene,

muß ich jetzt wohl sagen, denn natürlich ist Hellmann mein Mädchenname und wird es bald wieder sein! Ich habe nämlich gehört, daß man sich für nur

15 Mark beim Standesamt seinen alten Namen zurückkaufen kann. Auf meinem Grabstein soll jedenfalls nicht »Fleischmann« stehen. Wie man sich als Heiratsschwindler Fleischmann oder sogar Todtenhaupt nennen kann, versteh ich sowieso den ganzen Tag nicht. Ein kleines »von« hätte man doch mindestens erwarten dürfen.

Dann bist Du also auch aus P., diesem Kaff! – Aber welche Irene bist Du? In meiner Klasse waren drei, mal abgesehen von vier Ingrids, zwei Sabinen und drei Susannen. Neben Irene Tomforde habe ich ja jahrelang gesessen, übrigens ohne zu merken, daß sie schielt wie verrückt. Aber die hat einen Juristen geheiratet und schon mehrere Therapeuten in den Wahnsinn getrieben. Das hat mir neulich Ingrid Jebens erzählt. Irene Köncke soll schon vor Jahren nach Neuseeland ausgewandert sein und züchtet da biologische Schafe oder was. Dann kannst Du bloß noch Irene Schmidt sein! Groß, blond, mit Schottenröcken, und hatte Dein Vater nicht diese Gummifabrik, über die wir immer Witze gemacht haben? Und ist Deine ältere Schwester nicht mit Pastor Sörensen durchgebrannt, direkt vorm Abitur? Obwohl der drei Kinder hatte und wir uns fragten, ob unsere Konfirmation jetzt noch gültig sei?

Fällt mir ein, wir hatten schon mal einen Mann zusammen, allerdings nacheinander, in der 10. Klasse (immer vorausgesetzt, Du bist es wirklich): Reinhold »Ortega« Schröder!

Der hatte doch die Angewohnheit, sich auf Feten mit seiner jeweiligen Dame auf ein leeres Zimmer zurückzuziehen, das Licht auszumachen und, immer wenn jemand die Tür öffnete, laut zu sagen: »...wie schon Ortega y Gasset gesagt hat...« Ich glaube nicht, daß er den jemals gelesen hat. Männer sollen ja angeblich sowieso keine Bücher lesen, nur Fachzeitschriften. Erinnerst Du Dich noch an die Tanzstunde bei Fräulein Schmalz? Wie hieß doch dieser unendlich große Typ, den Du immer nehmen mußtest, weil er in der Männerreihe ganz oben stand und Du in der Frauenreihe ganz oben? Pit, Fips, irgendsowas. Du sagtest damals, daß Du beim langsamen Walzer seinen Hosenknopf an Deinem Herzen spüren würdest... mein Gott, Irene! Die Hosenknöpfe kamen dann schnell aus der Mode, sollen jetzt aber wieder im Kommen sein. Praktischer ist es ja einmal. Einen Knopf kann man leichter wieder annähen als einen kaputten Reißverschluß auswechseln, aber das ist heute zum Gück nicht mehr unser Problem. In Wirklichkeit war es aber noch nie mein Problem, denn OW war der Ansicht, daß ich zwei linke Hände hätte, nachdem ich seine beste Hose ruiniert hatte.

Damit hatte er vollkommen recht. Daß ich in seiner Abwesenheit meine Kleider selbst genäht habe, ging ihn ja nichts an. Ich habe ihm immer Rechnungen aus der »Boutique Finale« präsentiert. Die gehört übrigens Ingrid Jebens. Ingrids Mann, der Grundstücksmakler ist und von ihr gewöhnlich »der da« genannt wird, hat sie ihr gekauft, nachdem aus der Galerie nichts geworden ist. Sie sagt, wenn die Boutique auch Pleite macht, soll »der da« ihr 'ne Haifischbar kaufen, und dann macht sie sich so richtig fertig. Wenn Du mich fragst, kann sie die Kneipe direkt in ihrem Laden aufmachen, sie muß bloß die Klamotten rausschmeißen und ein paar Gläser dazukaufen. Komastoff ist schon genug da. Jedes Mal, wenn ich komme, holt sie eine Flasche heraus – und nicht die schlechtesten Sorten! – und sagt: »Hat man ein' Likör im Haus, sieht die Welt ganz anders aus.« Wenn sie anfängt, in Reimen zu sprechen, hat sie einen Teil der Batterie schon durchprobiert. Wir haben da schon heitere Nachmittage verlebt. Wenn Sie, nein Du, jetzt soviel Zaster hast, dann besuch sie doch mal, die Klamotten sind vom feinsten, nichts mit Streublümchen. Und wenn ein Schild an der Tür hängt »Wegen Trauerfall geschlossen«, kräftig klopfen – da-dada-daa – Du weißt schon, Beethoven, dann macht sie auf, ist aber hackevoll und gibt unerhörte Nachlässe.

Also, schreib schnell zurück! Hast Du mal gehört, was die anderen Ingrids so machen? Oder Susanne Robohm? Und Gerda Sobotny soll ja Liebesromane schreiben unter anderem Namen. Die hat's nötig!

Bis bald! Ich fiebere Deinen Nachrichten entgegen!

Herzlichst

Marie

* * *

Hahnenhorn, 30. November

Mein Gott, Marie-Luise, geborene Hellmann,

Du hast mir damals doch immer Wasser in den Füller getan, weil Herr Dr. Roth mich lieber mochte als Dich und deshalb meine Mathe-Zensuren besser waren! Und warst Du nicht auch mit Pippa, Susanne und beiden Sabinen andauernd in irgendwelchen Bumslokalen zugange, während unsereins nach sechs Uhr abends das Haus nicht verlassen durfte?

Irene Köncke kam aus der Gummifabrik, das war die mit der dicken Brille. Mein Vater war aber leider kein Fabrikant, sondern Beamter. Jetzt erinnerst Du Dich sicher: Wachtmeister Schmidt mit der Zigarre und der Kömfahne. Bis er abgehauen ist, hieß es ja in P. immer: »Hier riechtas nach Bullerei, laß uns verschwinden!« – das war mein Vater. Geschwister habe ich aber nicht. An Pastor Sörensen kann ich mich kaum erinnern, außer daß er dick war und widerliche Hände hatte, mit denen er beim Segen auf uns herumpatschte. Und mit dem soll jemand freiwillig durchgebrannt sein?

Reinhold beturtelte ich bloß, weil wir gewettet hatten, ob ich überhaupt einen kriege. Ich war doch damals größer als alle Jungs in P. (außer Fips, aber der galt irgendwie nicht). Vier Wochen hatte ich Zeit, einen rumzukriegen; dann mußte Ingrid Jebens ihr Autogramm von Freddy Quinn herausrücken. Falls ich versagt hätte, wären meine schockfarbenen Socken in Ingrids Eigentum übergegangen. Ich dachte, daß Reinhold am leichtesten wäre, da der ja mit jeder mal in die dunkle Ortega-Ecke ging. Tatsächlich habe ich ihm aber nach drei Wochen die ganze Sache gestehen müssen, weil es nicht lief, und für ein Päckchen Zigaretten ist er mit mir zu Ingrid gegangen, hat an meiner Hand herumgedrückt, und als sie mal kurz draußen war, ist er wie verrückt auf ihrem Bett herumgesprungen, das quietschte, als ob eine Orgie in Gang sei. Ingrid ist vor Schreck den ganzen Nachmittag nicht wiedergekommen, und wir haben uns halb tot gelacht.

Erzähl es ihr aber lieber nicht – am Ende will sie das Autogramm wiederhaben, und das habe ich inzwischen Tante Sophie geschenkt. Es war nämlich nicht allzu einfach, sie zu beruhigen, denn sie wollte nicht glauben, daß mir das ganze Geld gehört. OW hatte ihr vorgelogen, es sei alles seins. Jetzt wollte sie es aufbewahren, bis er wiederkommt. Sie glaubt nicht so ganz, daß er gestorben ist, weil sie es einfach nicht einsehen will. Gestern behauptete sie im Ernst, sie habe ihn neulich im Fernsehen im Publikum von »Verstehen Sie Spaß?« in München ganz genau gesehen. Allerdings gehörte sie früher schon zu den Frauen, die von K. H. Köpcke in der Tagesschau persönlich begrüßt wurden. Und woher ich denn soviel Geld hätte?

Tja, das ist etwas, was ich meiner alten Tante leider nicht erklären kann. Du aber, der ich vertraue – schließlich weiß ich ja von Deinem Haschdeal damals in P., das war auch so ein Ding, wo ich meinem Vater ganz schön die Augen zugehalten habe. Kurz und gut, Du erinnerst Dich vielleicht an eine Serie von Sparkassenüberfällen in Hamburg und im Ruhrgebiet vor ca. zehn Jahren. Damals wurde es mit der RAF in Verbindung gebracht, weil ja überhaupt bei jeder explodierenden Bierflasche von Kiel bis München sofort »Terrorismus!« gebrüllt wurde. Tatsächlich war Bankräuberin aber ein sehr schöner und in meinem Fall auch ideologiefreier Beruf, den ich gerne ausgeübt habe. Es ist nur einmal schief gegangen, als ein Kassierer (er war gerade allein in der Filiale) laut gelacht hat über meine Pistolenimitation und statt »Geld raus!«, wie ich verlangt hatte, »Hose runter!« gespielt hat – natürlich mit dem Rücken zu mir, was mich so schockiert hat, daß ich sofort geflohen bin. Wie überrascht war ich, als ich am nächsten Tag in der Zeitung las, ich hätte 25.000 Mark erbeutet! Der Mann war ohne Zweifel vom Fach.

Sonst hat es aber immer auf Anhieb geklappt. Alle haben gezittert wie verrückt, schon wegen meiner Motorradmütze – heute würden sie da bloß noch Angst um ihre Schaufenster haben. Es war nie die große Kohle, aber Kleinvieh macht auch Mist, wie Dein Vater früher am Stammtisch immer sagte. Allerdings ging auch eine Menge wieder drauf. Leider wurde dann nach ein paar Jahren das Risiko ein wenig zu hoch, weil nicht nur die Bullen hinter mir her waren, sondern auch eine Art Panzerknackerbande, die dieses Gewerbe gern ganz für sich allein haben wollte. Da habe ich mich denn aufs Land zurückgezogen, mit OW als Tarnung. Die jungen Männer waren auf die Dauer auch ein bißchen teuer, so daß mir ein genügsamer älterer Ehemann, der seinen Lebensunterhalt selbst bestreitet, eine bequeme Lösung schien. Dummerweise hat er mein Geld gefunden und für mich »angelegt«. Das war nun wirklich kriminell!

Jetzt aber habe ich es angelegt – Marie, Du wirst staunen, denn ich habe mich selbständig gemacht. Das »Haus der schönen Dinge« ist mein, Frau Karge um eine ansehnliche Summe reicher. Sie wollte sich schon länger zurückziehen, wie sie es vornehm nannte. Tatsächlich stand der Laden natürlich kurz vor der Pleite, aber das wird sich ändern. Ich gebe zu, daß eine optimale Geldanlage anders aussieht, z.B. keine Gänse mit Rüschen dran hat, aber ich kann mich noch nicht allzu weit hervorwagen und möchte nach wie vor unangenehmen Fragen gern ausweichen. Den Panzerknackern auch. Deshalb schien mir das der einfachste Weg zum selbständigen Lebensunterhalt zu sein. Als nächstes kaufe ich vielleicht die Fleischerei oder so. Dann mache ich sie alle fertig!

Herzlich, Deine

Irene Todtenhaupt, geborene Schmidt

P.S.: Aus bekannten Gründen verrate bitte niemandem, daß ich hier lebe – sag einfach, Du habest gehört, ich sei damals mit einem Hippie nach San Francisco durchgebrannt und führe jetzt eine Schwulenbar in Manhattan, allerdings unter anderem Namen, wegen einer Geschlechtsumwandlung.

Hamburg, 3. Dezember

Liebe Irene!

Wir hatten wirklich eine schöne Jugend! Erinnerst Du Dich noch, wie Dein Vater Dich zum Kirchenchor abholen wollte, plötzlich in meinem Zimmer stand und fragte, was für komisches Zeugs da auf dem Tisch sei, und Du sagtest »Schokolade« und hast ganz kaltblütig ein Stück abgebissen und runtergeschluckt, und hinterher mußte ich Dir den Finger in den Hals stecken, weil Du das nicht mehr konntest, und trotzdem hatte es noch gewirkt, weil Dein Alter so lange rumstand und auch noch fragte, warum ich eine so unförmige Zigarette rauche, ich könne ja wohl noch nicht mal richtig drehen, und wie das hier überhaupt rieche – wir im Chor »Räucherstäbchen, Räucherstäbchen« – und was das für Pflanzen auf der Fensterbank wären, und ich sagte »Geranien, die müssen wir für Bio beobachten und Aufzeichnungen darüber machen...«. Nachher lagst Du stundenlang auf der Chaiselongue und konntest Dich nicht rühren, nur albern kichern und behaupten, daß Du Dich selbst neben dem Schrank stehen sehen würdest, was natürlich Quatsch war, das kann man bloß bei LSD. Und so was brachte mein Cousin aus Hamburg nicht mit. Er sagte, da würden wir Landpomeranzen ja total dran ausflippen. Nur einmal an Silvester, weil Ingrid Jebens so gedrängelt hatte, schickte er mir was. Ihre Eltern waren verreist, und Ingrid hatte den ganzen Flur schwarz gestrichen, weil sie was von Horrortrips gelesen hatte und draufkommen wollte. Wir legten das Wohnzimmer mit Kissen aus und liehen uns einschlägige Schallplatten, Pink Floyd und Kraftwerk und was weiß ich. Die einzigen, die auf Horror kamen, waren ihre Eltern, als sie zurückkehrten und den Flur sahen; ich wußte gar nicht, daß ihre Mutter solche Wörter kannte. Ingrid und ich waren total nüchtern. In den Trips war nur Zucker oder so gewesen. Da brach ich die Geschäftsbeziehung zu meinem Cousin ab und verlegte mich auf die Schularbeiten, um schnell Abitur machen zu können und aus P. rauszukommen. Meine Eltern drohten nämlich, mich in eine Verkäuferinnenlehre zu stecken, was ungefähr das Schlimmste war, was sie sich vorstellen konnten und ich auch, und dazu noch bei Drescher. Den Ramschladen kennst Du ja wohl noch, wo niemand einkaufte, der was auf sich hielt, und wo die Verkäuferinnen alle 100 Jahre alt waren und Zustände kriegten, als der Minirock aufkam. Mein Cousin ist sozusagen in der Branche geblieben, er hat eine Apothekerstochter geheiratet.

An dem Verticken habe ich übrigens so gut wie nichts verdient, damals genügte mir der Kick, was Ungesetzliches zu tun. So was könnte mir heute ja nicht mehr passieren. Erwischt worden bin ich nie, weil ich mir die Kundschaft genau angeguckt habe. Man kennt ja jeden, und ich konnte einschätzen, wer dichthält und wer nicht. Überhaupt denke ich, daß Frauen bei kriminellen Machenschaften viel schlauer sind, was man ja an uns beiden sehen kann. Männer denken nie darüber nach, was andere Leute wohl denken könnten, hängen nach einem geglückten Coup in der Kneipe rum, geben an wie nichts und steigen ratzfatz von Ente auf Maserati um, die Idioten. Ich bin froh zu hören, daß Du das Geld erstmal gebunkert hast. Besser ist das! Wenn wir beide uns zusammentäten – dank unserem lieben Verblichenen haben wir das ja nicht nötig – könnten wir was Todsicheres auf die Beine stellen. Wer nur einmal allein ein sechsgängiges Menü für acht Personen gekocht hat, die kennt sich auf allen Gebieten mit Planung, Vorbereitung und Durchführung aus. Während Personen, die Bunt-Wäsche nicht von Koch-Wäsche unterscheiden können, nie erfolgreiche Verbrecher werden können. Die Tatsache, daß OW, wenn er denn mal da war, sich korrekt um die Wäsche kümmerte und sie hinterher leidenschaftlich bügelte, sogar die Frotteehandtücher, hat mich aber leider nie auf den Gedanken gebracht, daß irgendwas mit ihm nicht in Ordnung sein könnte.

Liebe Irene, ich bin ja gespannt, was Du aus Deinem Laden machen wirst, aber kaufe Dir um Himmelswillen keine Schlachterei. Fleisch wird aus der Mode kommen, genauso wie Zigaretten, aber Scheißdreck wird der Renner bleiben – bei all diesen mobilen Singles, die nicht mit Riesenmöbeln umziehen wollen, sondern nur mit Gänselampen und Schlüsselanhängern in Form von Delphinen.

Für heute mache ich Schluß, es wartet ein Berg Wäsche auf mich, übrigens sorgfältig verteilt in Baumwoll-Beuteln mit den Aufschriften 90 Grad, 60 Grad, 40 Grad und »Wolle«. Owehs Werk. Es gibt

Schlimmeres, was ein Gatte einem hinterlassen kann.

Es grüßt Deine

Marie

* * *

Hahnenhorn, den 8. Dezember

Liebe Mary-Lou –

so wurdest Du genannt und hast es gehaßt, oder? Ich habe mich damals wirklich neben dem Schrank stehen sehen! Wenn mein Vater in der Nähe war, war ich zu allem fähig. Ich habe gelogen, bis mir schwindelig wurde, und dann sah ich mich überall neben dem Schrank und neben mir stehen. Das ging ja noch, aber wenn mein Vater plötzlich überall zu stehen schien – neenee. Hundertschaften von Dorfbullen durchkämmten mein Zimmer nach verdächtigen Pillen und sangen schließlich im Chor: »Hier! Hier! Was haben wir denn hier?« Ich war zu schwach auf den Beinen, um »Aspirin« zu antworten, aber es stimmte. Ich habe doch meine Trips nicht zu Hause aufbewahrt! Nach diesem Erlebnis hätte ich beinahe Schluß gemacht mit meinen »Drogenerfahrungen«, wie der Schulpsychologe Michael-Matthias Rudolf immer sagte, dessen Jacketts so aufdringlich nach Mottenpulver stanken. Statt dessen ist dann ja mein

Vater abgehauen, so daß mehr oder weniger alles in Ordnung ging. Auf jeden Fall saß er nicht mehr mit dem Bereitschafts-Musikkorps oder wie das heißt am Frühstückstisch und brüllte: »Du bist spät dran, Renilein!« nach der Melodie von »Es gibt kein Bier auf Hawaii«.

Meine Mutter habe ich nach seinem Abgang überhaupt erst richtig bemerkt. Die ganzen Jahre ihrer Ehe hat sie anscheinend nur gezittert, geputzt und geflüstert, was ihr alles schwer abzugewöhnen war. Sie verbrachte dann aber immer häufiger ihre Vormittage in Dreschers Hinterzimmer, und Eierlikör rühren konnte Linchen Drescher ja auch wirklich, da machte ihr keiner was vor. Mutter hat also noch ein paar schöne Jahre gehabt, und von Vater habe ich nie wieder etwas gehört. In P. gab es ja immer Leute, die behaupteten, ihn in Hamburg oder Kiel auf dem Kiez als Luden gesehen zu haben. Kommandieren konnte er, da gab es nix – dennoch glaube ich das nicht. Vermutlich hat er in P. einige kleinere Erpressungen durchgezogen, und ist dann mit einer anderen zitternden und putzenden Frau durchgebrannt.

Wenn man alles dies berücksichtigt, war OW kein schlechter Fang, obwohl er mir oft meinen »Mangel an Kinderstube« vorwarf – Bigamisten und Heiratsschwindler bedienen sich ja im Dienst einer sehr gewählten Ausdrucksweise. Und natürlich gab es so einen neumodischen Kram wie »Erziehung« bei uns früher nicht. Für mich bestand das Heranwachsen aus dem steten Wechsel zweier Möglichkeiten: Entweder ich wurde erwischt, dann gab's erst Haue, später Stubenarrest und Fernsehentzug, kein Taschengeld, kein Abendbrot und so. Oder ich kam damit durch – womit? Mit allem! Mit Lippenstift tragen, Ortega knutschen, Haushaltsgeld klauen, Schule schwänzen und statt dessen in Rosis Spelunke Kognak mit Tommy trinken, der schon einundzwanzig war und spitze Schuhe trug... Jedenfalls hat mir die binäre Lebenslogik in meinem späteren Berufsleben durchaus genützt. Da habe ich dann schließlich auch noch die dritte Möglichkeit entdeckt, nämlich die Finger von Sachen zu lassen, bei denen das Stubenarrest-und-kein-Abendbrot-Risiko zu groß wurde. So kam ich zu OW. Vernunft schadet nicht wirklich, wie Dein Vater am Stammtisch immer sagte, wenn wir versuchten, Rosi Eis abzuschnorren und im »Festsaal«, der umgebauten Kegelbahn, heimlich Fernsehen zu gucken. Bis heute weiß ich nicht genau, wie er das gemeint hat, aber mein Vater sagte immer bloß Sachen wie: Vergiß nicht, die Milch zu holen. Das stimmt zwar irgendwie auch und paßt beinahe immer, klingt aber nicht nach einer guten Lebensmaxime.

Das mit dem Fleischerladen war nur Spaß. Das »Haus der schönen Dinge« ist zur Zeit wegen Inventur geschlossen: Stapel von Gänsegeschirr tun sich vor mir auf, Herdabdeckplatten, die mit Kuhmustern verziert sind, als ob es hier nicht genug Schwarzbunte live zu sehen gäbe. Auch Sektgläser mit rosa Stielen, die bestimmt nur Leute benutzen, die allenfalls einmal zu Silvester ein »Gläschen Schaumwein« leeren, Untersetzer aus Marmorimitat, Steingut-

Seifenspender, die als Dalmatiner »gestaltet« wurden – kurz und gut, ich habe sehr viel Lust bekommen, ins kriminelle Fach zurückzuwechseln. Ein Mord an Frau Karge, dann aber irgendetwas Lukratives, und den Gänseladen nur als Abschreibungsobjekt. Natürlich kann ich den ganzen gediegenen Schrott niemals loswerden, obwohl neulich eine junge Frau klingelte, um mir zu sagen, Frau Karge habe ihr versprochen, das Gänsegeschirr auch die nächsten zwanzig Jahre zu führen, damit sie dann keine Probleme mit dem Nachkaufen hat, falls einmal etwas kaputt geht. Als frischgebackene Geschäftsfrau bekomme ich sehr viel Post mit windigen Angeboten, außerdem kam ein Vertreter von einem Versandhandel für Werbegeschenke vorbei. Ich habe versucht, ihm den Ladeninhalt (ohne Gurke) zu einem echt günstigen Preis zu überlassen, wobei sich dann herausstellte, daß Frau Karge den ganzen Kram von eben diesem Handel erworben hatte. Als Prämie für treue Kundschaft gab es irgend etwas mit Gänsen, wie ich vermute. Wahrscheinlich muß ich einen Flohmarkt organisieren, um das Geschäft zu entleeren – nur weiß ich noch nicht, was ich dann darin eigentlich verkaufen soll. Es wird mir aber sicherlich demnächst etwas einfallen!

Heute morgen war der Fleischer da, um mich zur Mitgliedschaft im Verein der Gewerbetreibenden zu bewegen. Daraufhin habe ich gefragt, ob ich dann nächstes Jahr auch Schützenkönig werde wie der Cousin vom Bürgermeister nach seiner Spende und – weiter kam ich aber nicht: »Frau Todtenhaupt, das regeln wir schon alles irgendwie. Sie sollen da keinen Schaden von haben, das verspreche ich.« Einen schönen Gruß an die Frau Gemahlin habe ich auch gleich aufgetragen.

Nun muß ich weiter Gänse sortieren. OWs Papiere müssen noch warten. Nachdem das Geld da ist, ist es mir auch nicht so eilig damit.

Schreibe nur balde Deiner Dich herzlich grüßenden

Irene

* * *

Hamburg, 12. Dezember

Liebe Irene,

eben bekomme ich ein Postkarte von Kläre, sie hat in Mallorca bei einem Rentner-Wettbewerb den Hauptpreis gewonnen, eine Kiste mit Kapern. Das soll da eine Spezialität sein. Ich dachte immer, die kommen aus Ostpreußen wie die Königsberger Klopse. Mag aber sein, daß sie jetzt da unten eine Landsmannschaft aufgemacht haben und demnächst Mallorca heim ins Reich holen. Genug Personal ist ja schon vor Ort. Außerdem ließ sie noch schöne Grüße von Werner bestellen. Nach der ersten Schrecksekunde fiel mir ein, daß es kein schlechter Gedanke ist, die Hölle nach Mallorca zu verlegen. Sie meinte natürlich Eberhard, so tüdelig ist sie schon. Allerdings hat er eine gewisse Ähnlichkeit mit Werner, wie übrigens ihr Voriger auch. Ödipus kommt doch öfter vor, als man denkt.

Die letzte Woche habe ich mit einer Erkältung im Bett verbracht. Man glaubt ja nicht, was man versäumt, wenn man tagsüber nicht zu Hause ist. An meiner Tür klingelten nacheinander: Das *Hamburger Abendblatt*, die Postbotin – beide nicht für mich, sondern für Nachbarn – die Zeugen Jehovas und ein Knacki, der mir *Frau und Hund* oder so ähnlich, jedenfalls eine Frauenzeitschrift, andrehen wollte. Wer nicht klingelte, war die Paketpost.

Die steckten gleich eine orangene Karte in meinen Briefkasten, daß ich ein Paket von irgendeinem Postamt abholen solle, wofür man dreimal mit dem Bus umsteigen muß, aber nicht heute und morgen nicht vor 16 Uhr. Die füllen diese Karten schon aus, wenn sie noch in ihrem Postwagen sitzen, die Schweine. Das war vormittags. Nachmittags klingelten die Nachbarinnen, um ihre Einschreibebriefe und das *Hamburger Abendblatt* abzuholen und sich Strickhefte und Staubsaugertüten auszuleihen und noch stundenlang im Flur herumzustehen, wo sie hoffentlich jede Menge Bazillen von mir eingeatmet haben.

So lästig diese Besuche auch waren, jedenfalls bin ich wieder auf dem Laufenden, was die soziale Lage im Hause betrifft. Die Frau vom Bademeister aus dem 4. Stock will sich scheiden lassen, wovon er total überrascht gewesen sein soll. Da war er der Einzige, das ganze Haus hat schon seit Jahren darauf gewartet. Er soll zu ihr gesagt haben »Die Kinder bleiben natürlich bei mir«, worauf sie gesagt haben soll »Das geht in Ordnung«, woraufhin er das zweite Mal total überrascht gewesen sein soll. Mir wäre es ja lieber, sie nähme die Gören mit. Und deren Schallplatten. Ich glaube nicht, daß diese Musik für menschliche Ohren bestimmt ist.

Und Fräulein Sadowski aus dem 1. Stock kriegt ein Kind »...und raten Sie mal von wem?« sagte Frau Burmeister aus dem 2. Stock, die mir das alles erzählte. Ich tippte auf einen Mann und lag voll daneben. Sie kriegt es von einer Samenbank. Das hielt ich für die weniger amüsante Variante und sagte das auch, aber »wat den een sin Uhl, ist den annern sin Nachtigall«, wie meine Oma immer sagte. »Man steckt ja nicht drin«, erwiderte Frau Burmeister. Auch wieder wahr.

Zum Kochen war ich zu schwach, aber das hat zum Glück die Nichte für mich besorgt, die vorbeikam, um zwanzig Mark bis Donnerstag zu leihen. An sich versuche ich es zu vermeiden, von jungen Menschen zubereitete Speisen zu mir zu nehmen, aber Petra hatte bei Albrechts Feinkostbetrieben (Aldi) eingekauft, und an Miracoli und tiefgekühlten Pizzen kann man ja nicht viel verkehrt machen. Kann man aber doch. Man kann zum Beispiel den Ofen auf 400 Grad stellen statt auf 200 Grad. Jetzt muß ich auch noch zum Zahnarzt. Nächste Woche mehr, und sag bloß nicht Mary-Lou zu mir! Schließlich arbeite ich nicht in einem Western-Puff!

Herzlichst trotzdem, Deine

Marie

Hahnenhorn, 17. Dezember

Liebe Marie,

OW kann gar nicht mit Kläre auf Mallorca sein, weil ich ihn nämlich hier gesehen habe. Ich dachte, mich trifft der Schlag. Vielleicht war er es ja auch doch nicht, nicht der Schlag, sondern OW, bzw. eben nicht OW. Ich werde schon ganz konfus.

Alles passierte auf dem Weihnachtsmarkt. Mit Hilfe einer kleinen Erpressung des Gewerbevereinsvorsitzenden – ich glaube, ich schrieb Dir davon – habe ich in Dörpfeld einen tollen Weihnachtsmarkt organisiert, bei dem sich der ganze Gewerbeverein von Dörpfeld und Hahnenhorn beteiligen mußte. Ich hatte einen Stand mit meinem Gänse- und Marmorquatsch, und die Stücke, die ich von vornherein als unverkäuflich einschätzte, habe ich sehr großzügig als Tombola-Gewinne gestiftet. Die Gurke aber nicht, die behalte ich. Als Talisman! Das hättest Du erleben sollen, diese Freude bei der Ziehung der Gewinne!

»Los Nr. 10?«

»Ja, hier!«

»Ein Sissifuss für Los Nr.10!« Der Ausrufer war Wachtmeister Thiede, der vorher schon für die Kleinen den Verkehrskasper geben mußte, danach aber zur Erholung kurz im Gasthaus verschwunden war. Oder auch nicht so kurz. Jetzt stößt ihn jemand von der Seite an: »Äh, ein Süffon. Echt Kunstkristall aus Bergkarabach – Bergkristall aus Kunstkaramel –

Nr. 10, bitte nach vorne!« Nr.10 antwortet nicht mehr. Nr. 10 wurde vermutlich von der freudigen Überraschung niedergeschmettert. Selbst Frau Karge hat sich gelegentlich mit dem Geschmack der Dörpfelder vertan. So wurden eine Menge Gewinne nicht abgeholt, nur auf den Weinflaschenständer waren sie alle furchtbar scharf. Das ist so ein Gerät aus Kunstkaramel, in dem bei Tisch die Flasche schräg eingehängt wird. Es soll wohl irgendwie vornehm wirken.

Was bei der Tombola nicht weggegangen ist, bekommt das Altersheim Faltensack für die Weihnachtsbescherung, da bin ich gnadenlos. Das Heim heißt übrigens wirklich so, weil der Besitzer – oder wie sagt man da? der Führer? – so heißt. Vielleicht sollte ich ein Bestattungsunternehmen aufmachen. Wenn Adolf Hitler Adolf Faltensack geheißen hätte, wäre bestimmt manches anders gekommen. Andererseits hat ihm das alberne Bärtchen in Sachen Popularität ja auch nicht geschadet.

Es gab auch sonst eine Menge Unsinn zu kaufen und zu machen. Kinder verkauften für nur 50 Pfg. alte Comic-Hefte und werden sich in zwanzig Jahren darüber ärgern. Tante Sophie bot Putzlappen an (wenig gebraucht). Dazu hatte ich sie überredet, nachdem ich einen Teil ihrer Sammlung unter meinem Bett entdeckt hatte. Die waren sogar mit Schildern versehen wie »Dreimal für die Badewanne benutzt« oder »Noch schonen für später! Gezeichnet Sophie Schulze«.

Gottseidank ist sie manchmal zur Einsicht zu

bewegen (oder, wie ich eher vermute: sie hat noch ein beruhigendes Lager besonders schöner Stücke in ihrer eigenen Bude). Der Dörpfelder Bäcker hatte für die Kinder eine Negerkußwurfmaschine angeschleppt. Das mit der Fleischerschen war für mich dann sehr leicht, ich mußte nur eins von den mutigeren Kindern bestechen, und als es gerade dran war, bückte es sich, so daß der Negerkuß auf die Fleischersche flatschte, und zwar mitten ins Geblümte.

Aber zur Sache: Erst hatte ich gleich mal einen Schock weg, weil ich schon beim Standaufbauen einen sehr schmutzigen Mann sah, der mir mit den schweren Sachen helfen wollte. Nicht, daß ich schmutzige Männer nicht gewöhnt wäre, aber dieser sah entschieden so aus wie – das wußte ich eben nicht, ich wußte aber, daß ich ihn kenne. Als er sagte, daß er aus Hahnenhorn stammt, dachte ich erst, ich hätte ihn also da schon einmal gesehen, im Fleischerladen oder so. Plötzlich fiel mir aber ein – der Kassierer! Der mir einst diesen üblen Streich gespielt hatte mit den 25.000, der hatte dieselbe Visage. Ich habe sie zwar damals nur kurz gesehen, aber aus Haß habe ich das Gesicht nicht vergessen – mit dem hämischen Grinsen und den Augenbrauen, die sich außen nach oben schieben wie bei einem Dämon. Ob man Männer auch am Hintern wiedererkennen könnte? Wahrscheinlich nicht.

Jetzt, wo ich wieder zu Hause bin, kommen mir Zweifel, ob es derselbe Mann ist, weil der Zufall doch arg groß wäre. Ich soll ihn aber mal besuchen, hat er genuschelt, vielleicht kann ich ihm dann ein wenig auf den Zahn fühlen. Auf jeden Fall signalisierte er mir, daß er für den Tag des Weihnachtsmarkts und für Freibier bis zum Abwinken bei mir »helfen« wolle. Er habe Erfahrung im Verkauf, schließlich sei er selbst Geschäftsmann (?!) Für eingehende Dialoge blieb keine Zeit, und außer Biergläsern, die er an irgendwelche Bekannte losschlug, hat er auch nichts an den Mann bringen können, aber immerhin konnte er beim Tragen helfen.

Kurz nachdem die ganze Chose endlich losgegangen war – mein Faktotum hatte gerade eine Tortenplatte fallen lassen, um die es auch nicht wirklich schade war, und es gab schon ordentlich Gedränge – sah ich am anderen Ende des Marktes einen Kerl, der aussah wie OW! Das darf ja wohl nicht wahr sein, murmelte ich, mein Herz raste, und ich stellte das Faktotum hinter den Standtisch. Dabei ging eine grüngestreifte Vase zu Bruch, um die es erst recht nicht schade war. Ich rannte los, obwohl ich doch weiß, daß er tot ist – und wie ich an der Stelle ankam, es war ein Stand mit selbstgehäkelten Topflappen, deren Anblick einem auch wirklich Halluzinationen verursachen konnte – war er weg. Ich fragte alle, ob sie meinen Mann gesehen haben, woraufhin natürlich alle dachten, jetzt tickt sie aus, der ist doch schon vor Wochen abgehauen. Mehrere Leute kippten unter dem Vorwand der Fürsorge deshalb Schnäpse in mich hinein, so daß der Rest des Tages dann sehr schön wurde. Im Dunkeln, beim Abbauen, zischte mir aber die krächzende Stimme einer Hexe zu, sie habe vorhin meinen Mann gesehen. Das kann natürlich auch der Schnaps gewesen sein, oder der ortsübliche Humor.

Wenn er aber nicht tot ist, *wer* ist dann tot? Und warum? Ist das nicht alles sehr unheimlich?

fragt bang Deine

Irene

* * *

Hamburg, 5. Januar

Liebe Irene,

wenn eins feststeht, dann, daß Oweh sich zu seinen Ahnen versammelt hat – so wie der aussah, geht der auf keinen Weihnachtsmarkt mehr! Was Weihnachten betrifft – das Thema lassen wir mal außen vor. Worüber man nicht reden kann, darüber sollte man schweigen. Übrigens habe ich so was wie OW letzte Woche auch gesehen. Es war am Jungfernstieg, und er winkte mir aus einem Angeberauto zu. Ich ging näher heran, weil es ja ein ernstgemeintes Angebot hätte sein können, aber es war bloß mein Cousin Addi, der, der uns damals immer dieses Zeugs besorgt hat. Er hat dann später Croupier in Hittfeld gelernt, und genau so sah er auch aus. Nämlich wie ein Bigamist. Er ist aber jetzt in Wirklichkeit Hilfs-Apotheker und glücklich verheiratet, wie er mir bei einer Tasse Kaffee im Alsterpavillon versicherte. Daß *er* glücklich verheiratet ist, kann ja sein, *sie* ist es jedenfalls nicht. *Sie* war nämlich mit ihren zwei Blagen auf dem 70. von Tante Hedwig. Das eine Kind spielte auf einer Melodica, und das andere führte eine Art grauslichen Tanz vor, was aber eine nette Abwechslung war nach dem Vortrag des Chors der Freiwilligen Feuerwehr Henstedt-Ulzburg, der allerlei »neumoderne« Lieder zum besten gab. Ich erinnere mich noch an »Wir knüpfen aneinder an, wir knüpfen aufeinander zu, wir knüpfen miteinander – Shalom – das Frie-dens-netz«, wobei das mit dem Miteinander und Aufeinander irgendwie für den späteren Verlauf des Tages stimmte, aber rein friedensmäßig nicht viel lief. Überhaupt wunderte ich mich, daß die da vorsangen, denn Tante Hedwig hatte vor Jahren einen – natürlich aussichtslosen – Kampf gegen die Gemeinde wegen der Einrichtung eines Kindergartens geführt, aber das Spritzenhaus und die Umgehungsstraße waren wichtiger. Heute gibt es wohl einen Kindergarten, aber erst seitdem die Friedhofskapelle fertig ist. Der Geburtstag stand von Anfang an unter einem Unstern. Kaum hatte ich das Haus betreten, als mich etwas Nasses und Schweres seitlich am Kopf traf, so daß ich auf der Schwelle zusammenbrach. Tante Hedwig hatte mich geküßt.

Sie setzte Oweh und mich an der Kaffeetafel gleich auseinander: »Ihr seid jetzt drei Jahre verheiratet, da habt ihr euch bestimmt nichts mehr zu sagen.« Ich saß dann neben meiner Großmutter, die stocktaub und argwöhnisch ist, mich mit meiner Mutter verwechselte und dreimal fragte, wieso ich in meinem Alter noch mit so einem Ausschnitt herumlaufe. Sie kriegte von der allgemeinen Unterhaltung nichts mit, was sie fuchsteufelswild machte, klopfte alle zehn Minuten an ihre Kaffeetasse und brüllte: »Ich hätte WAS??«

Überhaupt war es ein Tag der Verwechslungen. Der geistig behinderte Hund von Tante Hedwig versuchte, das Sofakissen zu vergewaltigen. Eins von Addis Kindern kreischte: »Du bist doch nicht mit dem Sofakissen verheiratet!« Ein Durchblick, den ich nicht erwartet hatte und der mir dieses kleine Greuel fast sympathisch machte. Oweh wiederum verwechselte zu fortgeschrittener Stunde die Mutter dieses Kindes mit mir oder mit Dir oder mit wem auch immer. Ich erwischte die beiden, wie sie, gegen den Besenschrank gelehnt, schmatzende Zungenküsse tauschten. In den Genuß solcher Zärtlichkeiten war ich seit längerem nicht mehr gekommen, allerdings trage ich auch keine beigefarbenen Bleyle-Hosenanzüge wie diese angeheiratete Kusine. Das ist ein Outfit, welches ich als junges Ding immer befürchtete tragen zu müssen, wenn ich das hohe Alter von 40 erreichen, also jenseits von Gut und Böse und quasi tot sein würde. Hier nun aber der schlagende Beweis dafür, daß ich mir keine Sorgen hätte machen müssen, denn Männer schrecken vor rein gar nichts zurück. Ich will ja nichts sagen, aber als ich Kläre kennenlernte, trug sie auch so einen Anzug und dazu noch ein Halstuch, wie sie Pfadfinder tragen, aber mit Pferdeköpfen oder Schiffsrudern drauf – die kosten ungefähr 300 Mark – woran man normalerweise Zweitfrauen von Millionären erkennen kann. Weshalb Rita die im Hotel auch immer Pfadis nennt: »Wer ist in 9 und 11?« »Zwei Pfadis«. Jedenfalls haute ich Addis Frau eine runter, genau danach war mir schon die ganze Zeit gewesen, aber ich hatte noch keinen Vorwand gefunden, und meine Mutter, die mir in den Flur gefolgt war, haute Oweh eine runter. Tante Hedwig war hocherfreut. Sie hatte schon Angst gehabt, daß auf ihrem 70. überhaupt nichts los ist. In der Zwischenzeit hatten Addis Kinder den Schuppen hinten im Garten abgefakkelt. Das Löschen übernahmen Nachbarn, nachdem sie die Feuerwehr nicht hatten erreichen können. Die lag bei Tante Hedwig in der Küche im Koma.

Nun, von diesen ländlichen Festen hast du ja genug am Hals, liebe Irene. Bist Du übrigens sicher, daß Du keine Paranoia hast? Kann es nicht sein, daß Dein hartnäckiger Verehrer eben nur ein Verehrer ist und sonst nichts? Ich hoffe, Du gehörst nicht zu den Frauen, die abends unterm Bett nachgucken, ob da eine Überraschung liegt, oder zwanzig Mal kontrollieren, ob sie den Stecker vom Bügeleisen rausgezogen haben. Wenn dieser junge Mann nur ein bißchen schmuddelig ist, so ist das nicht tragisch. Mal ganz ehrlich, bei uns stehen sie ja nicht gerade mehr Schlange, da muß man über manches hinwegsehen. Und Wasser und Seife tun manchmal Wunder.

Sagt Deine alte Klassenkameradin

Marie

Hahnenhorn, 11. Januar

Liebe Marie,

gebügelt habe ich seit OWs Heimgang nicht mehr, folglich ist das mit dem Bügeleisenstecker kein Problem. Vorher habe ich auch nicht gebügelt, sondern Fernsehen geguckt und dabei komische Bewegungen mit dem Bügeleisen gemacht und laut geseufzt, sobald OW zu mir herübersah. Seine Bügelenergien hat er anscheinend bei Dir ausgetobt. Heimlich habe ich dann seine Hemden weggegeben, denn ein bißchen Geld hatte ich schließlich noch, das sinnvoll angelegt werden mußte. Bloß die gemeingefährlichen Stecknadeln, mit denen die Büglerin den ganzen Krempel immer in Form trimmte, haben OW zappelig gemacht. Überhaupt war er in der Zeit vor seinem Tod reichlich nervös, fand ich.

Da ich aber eine potentielle Bügeleisensteckerkontrolleurin bin, habe ich meinen Verehrer vom Flohmarkt aufgesucht, um ganz sicherzugehen. Außerdem könnte ich für den Laden eine Hilfe gebrauchen, nachdem ich eine größere Partie Bilderrahmen, Stoffe, Gardinen, Bodenvasen, Leuchter und Sofakissen geordert habe. Ich mache ein Dekorationsgeschäft auf, denn das bietet immer für jeden etwas. Ich habe versucht, Bodenvasen zu bestellen, in denen man Staubsauger, Stehlampen oder Männer unterbringen kann, weil man solche Behältnisse garantiert immerzu brauchen kann, doch der Großhandel scheint sich auf die Bedürfnisse der Landfrauen noch nicht eingestellt zu haben. Auf Tante Sophies Rat hin habe ich auch einige Putzlappen im Sortiment, denn, so sagt sie, die könne man bestimmt, und zwar alle und jeder, immer gebrauchen. Seit einigen Tagen nehme ich das Telefon nicht mehr ab, weil mir alle Leute sagen wollen, was alle Leute (außer ihnen) immer gebrauchen können. Der Fleischer fing mich auf dem Weg zum Laden ab und riet zum Ankauf von vierhundert Döschen Steakwürze. Die könne man praktisch immer... und zufällig könne er mir günstig einen Vorrat überlassen. Ich brauche meinen Flohmarkt-Verehrer als Bodyguard.

Außerdem brauche ich jemanden oder etwas, der oder das mich von meinem PMS ablenkt. OWs Auftritt auf dem Flohmarkt lag bestimmt auch an meinem prämenstruellen Syndrom. Wir Frauen halluzinieren dann ja bekanntlich oder werden hysterisch.

Das PMS ist zwar etwas, das nur Frauen haben, dafür aber notfalls in allen Phasen ihres Zyklus. Hach! ich habe mein PMS! dröhnen sie und fangen an, laut zu weinen. Geht weg, ihr Hormone! rufen sie. Ihr bringt mich ganz durcheinander und zum Weinen! Ich habe keine Schuld! wimmern sie, wenn sie wieder mal versucht haben, aus dem Teeservice Marmelade zu kochen. Da sind die Harmonien dran schuld! Denn schwierige Fremdwörter können Frauen nicht immer aussprechen. Tampons gehören auch zu den Dingen, die man im Prinzip immer gebrauchen kann. Ich warte allerdings noch auf ein Modell mit aufgeprägten Blumen oder Gänsen, die mir über die Tristesse der Angelegenheit hinweghelfen.

Also, der Verehrer: ich ging durch das Dorf in die mir beschriebene Richtung, da kam er mir schon entgegen. Dachte ich, denn der Plapperer im lila Jogginganzug erklärte mir dann umständlich, daß er eigentlich zwei verschiedene sei, aber sein Bruder warte schon auf mich. Entweder sind es Zwillinge, oder er ist gaga. Falls es Zwillinge sind, handelte es sich aber bestimmt nur um einen Jogginganzug, denn der Kuhfladenabdruck unter dem linken Knie ist ganz unverkennbar.

Hinter der nächsten Ecke traf ich den anderen Bruder (glaube ich jedenfalls) und trug mein Anliegen vor. Er ist aber gegen meinen Laden, denn auf dem Lande würden sich Frauen nicht so für das Geschäftliche interessieren, sondern mehr für das Praktische. Was das denn sei, fragte ich. Na, so waschen zum Beispiel, sagte er.

Ich starrte auf den Kuhfladenabdruck unter seinem linken Knie. Er hat mich aber nicht verstanden, denn er erwähnte beiläufig, daß ihn die Frauen oft wegen seiner Beine bewundern. Früher sei er Mittelstürmer gewesen, und zwar original gar nicht mal so schlecht.

»Und wer wäscht für Sie?«

»Ich such' noch.«

»Kann man denn mit so dreckigen Hosen jemanden finden?«

»Sind ja nich meine Hosen.«

»Aber Sie haben sie doch an?«

»Na und? Weiß ja jeder hier, dassas nich meine Hosen sinn.«

»Und wenn nun eine Frau kommt, die nicht von hier ist?«

»Gib's nich.«

Er heißt übrigens Ernst-Heinrich, und er ist noch nie aus Hahnenhorn herausgekommen. Also kann er nicht der Kassierer sein, der mir den Spaß an meinem früheren Beruf verdorben hat. Mit seinem Bruder zusammen (?) lebt er in einem originellen alten Fachwerkhaus, das so aussieht, als ob es gleich in alle Richtungen auseinanderrutschen und dann, ohne Rücksicht auf seine Bewohner, ein für allemal wie ein Kuhfladen im kaum bearbeiteten Garten herumliegen wird. Das Häuschen hat sieben Fenster, die alle auf verschiedenen Höhen angebracht sind; drei davon sind auch nicht ganz gerade eingesetzt. Drinnen war ich noch nicht (und halte das auch nicht für ein Versäumnis), aber draußen auf dem Matsch-Areal, das wohl eine Art Hof darstellen soll, liegen sehr schmuck einige Betonröhren von etwa zwei Meter Durchmesser herum, wie man sie für das Abwassersystem New Yorks durchaus benutzen könnte.

»Iss'n das?«

»Vonne Drainage. Kann man immer mal gebrauchen. Kannst Du vorher gar nich wissen.« Ernst-Heinrich guckt überlegen. »Eines Tages, zack, brauchst du original so 'ne Röhre. Un denn heff ick all een.«

»Wofür denn?«

»Wofür, wofür! Stell dir vor, dir fehlt mal so ne Röhre. Da iss die für.«

Ja, da ist die für. Auf solche Unterhaltungen sollten sich Frauen mit PMS gar nicht erst einlassen. (»Früher hießas Migräne«, warf Ernst-Heinrich noch rasch ein.) Ich bin also lieber nach Hause gegangen, um Dir diesen Brief zu schreiben, damit auch Du von Dingen erfährst, die Du nicht wissen willst. Ich schloß die Tür auf, da stand ein Elefant in meinem Wohnzimmer und trompetete mir zu, daß er gerne balancieren möchte, damit ich auch mal eine Freude habe. Der Fußball war ihm nicht groß genug, der Küchenstuhl zu wacklig. Gott, was soll ich Dir sagen, Marie, manchmal stehst Du plötzlich da und brauchst original so 'ne Röhre. Un denn hest Du keen, sondern bloß Halluzinationen.

Herzliche Grüße von Deiner

Irene

Zwei Stunden später: Mach Dir um mich keine Sorgen. Es sind bloß Sophies Pillen, die sie aus Versehen in meine Aspirindose gefüllt hat. *Sie* nimmt inzwischen täglich drei, seit der Arzt ihr gesagt hat, daß sie davon schöner wird. Kein Wunder, daß sie nichts mehr auf der Reihe hat. Hupps.

* * *

Hamburg, 16. Januar

Liebe Irene,

so ist's recht – einen Bodyguard kann jede Frau gebrauchen! Paß aber auf, daß er sich nicht zu sehr um deinen Body kümmert. Außer, Du bist damit einverstanden. Ernst-Heinrich ist zwar kein schöner Name, aber gegenüber Otto doch ein Gewinn. Meine Kollegin Rita hat doch tatsächlich einen Typ abgelehnt, nur weil der Günter heißt. Sonst war er schwer in Ordnung; einige Male haben wir uns zu dritt getroffen, da hat er auch für mich immer mitbezahlt. Was mich mehr gestört hätte, waren seine offenen Sandalen, zu denen er Sportsocken trug. So was kann man einem Mann natürlich abgewöhnen. Das mit dem Namen ist schon schwieriger, spielt im Grunde bei Rita aber keine Rolle, weil sie sowieso jeden mit »Dussel« anredet. Den Personalchef Herrn Behrmann natürlich nur, wenn er nicht da ist. »Dussel hat wieder einen Rundbrief rausgegeben«, sagte sie mir letzte Woche und schob eine DIN-A4-Akte über den Empfangstresen. Die Vorgeschichte ist, daß Frau Gsella aus der Buchhaltung ein Kind gekriegt hatte, aus der Freud & Leid-Kasse ein Strampelanzug besorgt worden war, Frau Gesella daraufhin eine Dankeskarte geschickt hatte und wir jetzt abzeichnen sollten, daß wir diese Karte gelesen haben. Ich kriegte natürlich gleich einen meiner Lachanfälle. Daran erinnerst Du dich wohl noch, wie ich in Reli dann immer auf den Flur gestellt wurde, wo ich überhaupt nicht mehr lachen mußte, erst, wenn ich wieder reingeholt wurde, und dann mußte ich wieder raus. (Was wurde in all den Jahren eigentlich in Reli vermittelt, möchte ich mal wissen?) Jedenfalls kam Behrmann gerade ins Foyer geschossen und fragte, was hier eigentlich los sei. Mir liefen schon die Tränen runter, da sagte Rita: »Frau Fleischmann hat schlechte Nachrichten erhalten. Robbie hat sich von Take That getrennt.« Behrmann bellte gleich los, daß ich meine Privatangelegenheiten gefälligst zu Hause regeln solle. Da mußten sie mich in den Personal-Aufenthaltsraum schaffen.

Übrigens lehnt Rita auch Männer ab, die Werner, Dieter, Rolf, Torsten usw. heißen, und bei Doppelnamen wie Karl-Heinz kriegt sie Krämpfe. Also kommt aus ihrer beziehungsweise unserer Generation praktisch keiner in Frage. Als ich sie fragte, ob ihr Kevin oder Oliver mehr zusagen, simulierte sie gleich einen Zusammenbruch. »Dann werde doch lesbisch.« Das will sie nicht, weil sie Ingrid, Sabine, Irene und so weiter auch scheiße findet. »Paß auf, Goldfasan«, sagte ich – Goldfasan sagt sie für gewöhnlich zu Frauen – »Kauf dir einen Hund, den kannst du nennen, wie du willst.« Das hat sie tatsächlich auch getan, und rate mal, wie der heißt: Jens-Uwe. Sie ruft ihn aber »Dussel«.

Was PMS betrifft – übrigens habe ich immer den Eindruck, daß es sich dabei um die Abkürzung des Namens einer obskuren mittelamerikanischen Partei sozialdemokratischen Zuschnitts handelt, aber auf jeden Fall um etwas, für das man unbedingt eingewiesen werden sollte – also PMS, so etwas habe ich nicht. Allerdings gibt es gewisse Zeiten, wo man mich beobachten kann, wie ich auf dem Teppich kniee und jeden einzelnen Fussel aus der Auslegware zupfe. Manchmal putze ich auch die Fenster. Das kommt aber nur einmal im Jahr vor und muß demnach eine andere Krankheit sein. Kopfkrebs vielleicht. Du kennst nicht zufällig irgendein Syndrom, das einen dazu bringt, den Lohnsteuerjahresausgleich schon im Januar fertigzumachen? Fällt mir ein, wieso haben Männer eigentlich keine geschlechtsbezogenen Krankheiten? Außer Prostata, wovon die meisten noch nicht mal wissen, wo die sitzt, geschweige denn, wofür die gut sein soll. »Frauenkrankheit« ist ja praktisch alles, vom Schnupfen über Gebärmutterentfernung bis hin zum Exitus, weil Frauen sich bloß interessant machen wollen. Männer sind nicht krank, die haben eine Krise. Zum Beispiel die Gockelkrise. Dadurch hat Rita auch ihren letzten Freund verloren. Wie der hieß, weiß ich im Moment nicht mehr, aber auf jeden Fall Dussel. Der rief sie an, um zu sagen, er müsse sich auf eine gewisse Zeit von ihr trennen, weil er mehr Freiheit brauche. Rita gleich wie aus der Pistole geschossen: »Wie heißt sie?« Das war natürlich wenig einfühlsam von Rita, und er brachte das auch deutlich zum Ausdruck. Du wirst es schon erraten haben, liebe Irene, ein halbes Jahr später war er verheiratet, und es war auch schon was unterwegs. Die Freiheit, die sie meinen, besteht ja bloß darin, daß sie einen Blödsinn mit einer neuen Alten durchziehen, den sie ebensogut mit der alten Alten hätten durchziehen können. Fast bewundere ich Oweh, der das sogar gleichzeitig gemacht hat, und dazu noch all die kleinen Schlampen... Apropos: Kläre schickte mal wieder eine Ansichtskarte, wo unten schräg noch Werner hingekritzelt war. Das fand ich ja die Höhe, aber dann erinnerte ich mich, daß sie ihren Sowieso, wie hieß er noch, gegen einen Neuen ausgetauscht hat; das war auch nicht das erste Mal! Insofern wirft sie meine Theorien über Männerkrisen ein wenig durcheinander. Der Unterschied ist aber, daß sie denen nichts von Freiheit und Unabhängigkeit vorquakt, sondern ihnen 500 Mark in die Hand drückt und sie nach Hause schickt. Hat sie mir jedenfalls mal erzählt, nach soundsovielen Gläschen Boonekamp. Deshalb gehe ich davon aus, daß es stimmt.

Herzliche Grüße von

Marie

* * *

Hahnenhorn, 22. Januar

Liebe Marie,

wann kommt Kläre eigentlich aus Mallorca zurück? Wenn die gesammelte männliche Rentner-Belegschaft vor Entkräftung zusammengebrochen ist? Oder erst, nachdem der letzte Mann die Insel verlassen hat? Ich fürchte ein wenig um ihren Geisteszustand, denn selbst die unnatürlichste Mutter würde nicht auf dem Grab ihres Sohnes herumsteppen, was sie – bildlich gesprochen jedenfalls – gerade tut. Zwar hat die Mutter von Ingrid Jebens immer behauptet, sie würde ein Feuerwerk entfachen an dem Tag, an dem Ingrid einem ihrer zahlreichen Laster erliegen würde, aber erstens ist Ingrid eine Tochter und zweitens hat Frau Jebens das niemals ernst gemeint. Mein Vater verfluchte regelmäßig den Tag, an dem ich geboren wurde, und ich weiß nicht, wie ernst er das gemeint hat. Schwamm drüber.

Mein Laden ist noch nicht eröffnet, aber die Fleischersche war schon da, weil sie natürlich weitertratschen muß, wie es darin aussieht. Offiziell fragte sie jedoch nach »was mit Goethe«. Ich dachte erst, ich hätte mich verhört, aber sie sagte es nochmal, und dann noch, ihre Freundin hätte auch was mit Goethe. »Der ist doch seit zweihundert Jahren tot, Frau Ziegenfuß.« (Jetzt sag mir nicht, daß das nicht stimmt, denn das weiß ich sehr wohl selbst. Aber sie knallt mir ja auch immer zweihundert Gramm Gehacktes auf die Waage und auf die Rechnung, wenn ich ein Viertelpfund bestellt habe.) »Bücherregale führe ich nicht«, sagte ich schließlich sehr vornehm, aber jetzt wollte sie »was mit Goethe und Flaschen«. »Fürst Bismarck Schnaps?« fragte ich mit falscher Hilfsbereitschaft (man kann ja die toten Prominenten nicht immer auseinanderhalten), »den kriegen Sie in Müllers Gasthof, wo Ihr Mann häufiger –« Und schon unterbrach sie mich. Jetzt begriff ich allmählich, daß sie einen Flaschenschrank haben wollte, der mit Bücher-Dummys getarnt ist. Anscheinend ist Herr Ziegenfuß nicht der einzige im Haushalt, der eine gewisse Inklination zu geistigen Getränken verspürt, wie Frau Jebens früher immer sagte. Allerdings nur, wenn sie von sich sprach. Bei anderen fielen ihr schon drastischere Wendungen ein.

Nun machte ich der Fleischerschen weis, daß ich durchaus so ein Dings bestellen könnte. Das war natürlich unangenehm für sie, weil sie ja eigentlich nur zum Schnüffeln gekommen war und allenfalls ganz beiläufig und irgendwann später mal so ein Möbel haben will. Vermutlich besitzt sie eine Bodenvase, in der man Schnapsflaschen aufbewahren kann. Ich habe sogar das Bestell-Telefonat simuliert, um sie ein wenig aufzubringen.

Damit es besser wirkte, tat ich auch noch so, als ob die Leitung gestört sei und brüllte mehrmals: »Wie? Goethe ist aus? Na hören Sie mal! Es handelt sich um einen Schlachterhaushalt, da kann man nicht einfach irgend etwas hinstellen.« Bei »Schlachterhaushalt« legte ich jedesmal noch ein Crescendo zu, und Frau Ziegenfuß zuckte zusammen, bis ihr Sülzfett wackelte. Schließlich wäre sie auch gern was Besseres, wie wir alle. Am Ende habe ich ihr bedauernd mitgeteilt, daß zur Zeit nur eine Barschrankversion mit Buchrücken wie »Schlachten – aber fachgerecht« und »Das Beil von Wandsbek« am Lager sei. Dafür verfüge dieser Schrank über eine »sehr vornehme« Einzelflaschenbeleuchtung. Darauf die Fleischersche: »Wo ist eigentlich Ihr Mann?« Ein wenig plump, die Attacke. Ich hatte Mühe, mir das Lachen zu verbeißen, denn ich vermisse ihn, wie ich in der Sekunde sonnenklar sah, wirklich überhaupt nicht. Obwohl ich ihm den Tod natürlich nicht gerade gewünscht habe. Wenn er eine andere Möglichkeit gefunden hätte, aus meinem Leben zu verschwinden und mir mein Geld zurückzugeben, wäre es mir auch recht gewesen.

Tante Sophie war äußerst schuldbewußt wegen der Tablettenangelegenheit, obwohl ich ihr mehrmals versichert habe, daß das wirklich keine große Sache wäre. Ein wenig fühlte ich mich nämlich an unsere wilden Jahre erinnert und an Irene Köncke, die immer rosa Mickymäuse sah, nachdem sie »was geraucht« hatte. Einmal haben wir ihr eine Attika ohne jede illegale Zutat verabreicht, da hat sie behauptet, sie sei ein Geranientopf, der fliegen könne. Insofern wird das mit den Mickymäusen auch nicht gestimmt haben. Ich hoffe aber doch, daß Tante Sophie das nicht noch einmal macht, sonst werde ich am Ende noch eingewiesen, denn schließlich stehen Frauen ohne Männer ja sowieso unter Krankheitsverdacht.

Neulich kam Wachtmeister Thiede vorbei, um mir zu sagen, daß es mit der Vermißtenanzeige gar nicht vorangeht. Und ob OW und ich eigentlich Streit gehabt hätten? Oder ob er sonst etwa Feinde...? Demnächst würde eventuell mal die Kripo vorbeischauen. Ich bin sicher, daß Thiede jetzt erst die Anzeige weitergegeben hat, weil er vorher unserem unternehmungslustigen Mann keine Schwierigkeiten bereiten wollte.

Die gute, alte Kumpel-Tour. Man sah aber richtig, wie er jetzt Fracksausen kriegte. Hoffentlich wird er degradiert, aber das geht wahrscheinlich gar nicht, weil es keinen niedrigeren Dienstgrad geben wird. Und hoffentlich hat niemand vom Raubdezernat in die Vermißtenabteilung gewechselt und erinnert sich an das Phantombild, das nach den Angaben des launigen Kassierers gefertigt worden ist. Allerdings sah es mehr nach Mutter Beimer aus als nach mir.

Ich hoffe, Du amüsierst Dich gut, und bin wie immer Deine

Irene

* * *

Hamburg, 30. Januar

Liebe Irene,

nach Phantombildern ist meines Wissens noch nie jemand erkannt worden, ebensowenig wie nach Paßfotos. Jedenfalls möchte ich nicht den Tag erleben, an dem ich nach meinem Paßfoto identifiziert werde.

Gestern war große Aufregung im »Kaiserhof«. Mittags war ein Bus mit Schweden angekommen, die sich schon auf der Fähre die Kante gegeben hatten. Das ist an sich nichts Neues, aber Rita hatte ihnen versehentlich Zimmer im dritten Stock reserviert, und die beiden verantwortlichen Zimmermädchen drohten mit Streik.

Normalerweise kriegen Schweden die vierte Etage, wo Agnes Dienst macht, die nach einer Nasenoperation keinen Geruchssinn mehr hat. Rita und ich mußten mit rauf und die ganzen Klamotten in den vierten Stock tragen, denn die Schweden saßen schon komplett bei »Nagel« am Hauptbahnhof. Danach hatten sie bei ihrer Ankunft als erstes gefragt. »Nagelhauptbahnhof« ist das erste Wort, das man in Schweden in den Deutschkursen lernt. Sehr viel zu tragen hatten wir nicht. Es ist beneidenswert, mit wie wenig Sachen Männer reisen können. Wir haben mal einen Blick in ihre »Kultur« geworfen: Rasierzeug, Zahnbürste und eine Familienpackung Aspirin.

»Nagel« kenne ich noch aus meiner Studentenzeit. Nach der Uni beziehungsweise statt der Uni saßen wir mittags dort. Ich aß meistens ein Mettbrot mit Zwiebeln, und dazu trank ich Ananas- oder Erdbeerbowle; sie hatten immer mehrere im Angebot. Von da bis zu einer Liebhaberin der Nouvelle Cuisine und trockenen Weinen war es ein weiter Weg. Der führte unter anderem über griechisch, türkisch, chinesisch, indisch zu sich einfach nur ein Butterbrot schmieren. Nun fehlt noch vegetarisch. Tatsächlich hat meine Schwester mir letztes Jahr zu Weihnachten ein vegetarisches Kochbuch geschenkt, und ich muß sagen, das ist gar nicht so schlecht. Man muß natürlich ein bißchen Speck hinzufügen oder Kurzgebratenes, damit es überhaupt nach was schmeckt.

Oweh hat mir übrigens mal gesagt, daß er von mir so fasziniert sei, weil er noch nie eine Frau getroffen habe, die so hemmungslos und viel frißt. Na gut, als er mich das erste Mal ausgeführt hat, habe ich zweimal vom Hauptgericht genommen und zweimal Nachtisch *und* Käse und danach noch eine Sachertorte, aber ich mußte es ja auch nicht bezahlen. Ich finde es nicht gerade gentlemanlike, daß einer Dame auf die Finger geguckt wird, wenn sie mal eine Kleinigkeit zu sich nimmt. Er hat es mir aber erst gesagt, als wir verheiratet waren. Da habe ich nicht mehr nachgefragt, was er mit »fasziniert« gemeint hat, was ja »sehr erstaunt« heißen kann, aber auch »vor Grauen gelähmt«.

Jedenfalls habe ich noch nie eine Diät gemacht. Meiner Erfahrung nach merken die Kerle es überhaupt nicht, ob du fünf Kilo mehr oder weniger draufhast. Und herumhungern, nur damit irgendwelche Weiber sagen können: »Guck mal, die Fleischmann trägt jetzt wieder 38« – das lohnt ja wohl nicht.

In unserem Hotelrestaurant haben wir seit einigen Jahren auch französische Küche. Das ist genau dasselbe wie vorher, heißt nur anders, sieht anders aus, ist weniger und kostet mehr, und auf den Tellerrand werden Pfeffer und ein paar Kräuter gehobelt, was so aussieht, als wären die Teller schlecht abgewaschen. Ich nehme an, daß Du in Hahnenhorner Lokalen keine Last mit so was hast.

Abends kamen dann die Schweden mit schwerer Schlagseite zurück. Rita und ich hatten gerade

Dienstschluß, blieben aber noch, um uns einen eventuellen Skandal nicht entgehen zu lassen. Seit Owehs Heimgang ist es in meinem Leben ja doch recht ruhig geworden. Es passierte aber weiter nichts. Die Schweden trafen Anstalten, sich im Foyer niederzulegen, wobei sie unanständige Lieder sangen, das möchte ich jedenfalls hoffen, ich kann kein schwedisch. Dann fingen sie an, sich auszuziehen, wobei es blitzschnell wie in einem Fußball-Umkleideraum roch. So stelle ich es mir jedenfalls vor, denn ich war noch in keinem. Was Dich, liebe Irene, verwundern wird, denn ich war ja sonst schon überall. Rita hing überm Tresen und feuerte sie noch an. Zu mir sagte sie, die California Dream-Boys würden es zwar besser machen, hätten auch nicht solche Wampen, aber dafür sei das hier auch umsonst. Behrmann kam dann sehr schnell mit ein paar Kellnern und dem Wagenmeister Kuschinski – den Laien Portier nennen – angeschossen und brachte die Jungs mit spitzen Fingern nach oben. Außerdem sagte er zu uns, wir sollten gefälligst verschwinden, das hier sei nichts für Damen. Aber wenn das nichts für Damen ist, für wen dann? – Auf dem Weg zur S-Bahn wurde ich am Hauptbahnhof nur zweimal wegen ein paar Groschen angesprochen, einmal wurde mir Haschisch angeboten und einmal irgendwas anderes, das ich wegen des Genuschels nicht verstand, aber vorsichtshalber behauptete, das bräuchte ich nicht, das hätte ich selber massenweise zu Hause. Das war ein Fehler, denn jetzt rückten sie mir auf den Pelz mit dem Angebot, es mir zu einem supergünstigen Preis abzukaufen. Da mußte ich dann ein Taxi nehmen.

Soviel für heute vom Handel und Wandel. Skål!

Herzliche Grüße, Deine

Marie

* * *

Hahnenhorn, 4. Februar

Liebe Marie,

in Hahnenhorn gibt es keine Nouvelle Cuisine, keine Schweden und keine Taxis. Ein durchreisender Großkotz aus der Großstadt hat es einmal bei Müllers Gasthof versucht. Er parkte seinen Zuhälter-Chevy direkt vor der Tür, schritt hinein, und fragte nach »Nouvelle Cuisine«. In Wirklichkeit wollte er ein wenig Spaß auf Provinzlerkosten haben. Da kam der sehr große und sehr starke Günther Müller (den hier alle »Zicky« nennen, ich weiß aber nicht, warum) eigens aus der Küche, baute sich vor dem jungen Mann auf und stemmte die Arme in die Hüften: »Wat wissu von mien Kusin?« Ja, der Witz ist zwar alt, aber es wirkte ganz wunderbar. Seitdem kommen Großstädter nur noch selten nach Hahnenhorn, und wir können in Ruhe die ländliche Lebensart pflegen: »Zicky, mach mal normal« bedeutet »Einmal Currywurst mit Pommes, bitte!« Andere Gerichte serviert

Zicky ohnehin nur auf Vorbestellung. In Dörpfeld gibt es das griechische Lokal »Olymp«, das man aufsucht, wenn einem nach der großen Welt zumute ist. Es hat eine sehr lange Speisekarte, die sich der Wirt (»Hansi«) aber auch schenken könnte. Statt dessen sollte er ein Transparent aufhängen, auf dem »Eßt Fleisch!« steht. Herr Ziegenfuß würde es ihm danken. Da es nicht weit vom ehemaligen »Haus der schönen Dinge« entfernt ist, das in Zukunft übrigens »Haus der sehr schönen Dinge« oder »Reni's Wohnboutique« heißen soll, versuche ich Hansi, der in Wirklichkeit Dimitri heißt, zum Currywurstbraten zu bewegen. Currywurst ist das einzige zuverlässige Nahrungsmittel in diesem Landstrich. An alles andere machen sie entweder zu viel Maggi (Müllers Gasthof, der sich im übrigen in »Müller's Gasthof« umbenennen will) oder zu viel Sahne (Zur alten Heideschänke, Zur alten Heidschnucke, Zur alten Heidi und ähnliche Etablissements der gehobenen Art). In der »Alten Heidkate« hatte ich mal an unserem Hochzeitstag besinnungslos ein Überraschungsmenü bestellt, das aus Karotten-Lauch-Suppe (gebunden und mit einer Sahnehaube), Fischgulasch in Karotten-Lauch-Sahnesauce und sehr alter Heidschnucke mit Sahnesauce und Karotten-Lauchgemüse bestand. Auf den Nachtisch (Sahnecreme) habe ich freiwillig verzichtet. OW wollte sich bis zum Hauptgang halb totlachen über »sein dummes Frauchen, das auf jeden Unsinn hereinfällt«. Dann servierten sie ihm eine Currywurst mit Sahnesauce. Wenn ich es mir genau überlege, bin ich froh, daß wir nicht häufiger ausgegangen sind. Übrigens muß der Wirt der »Alten Heidkate«, Micky, auch schon von Nouvelle Cuisine gehört haben, denn der Teller für das Zwischengericht war am Rand mit Fischschuppen garniert.

Wachtmeister Thiede kam neulich mit hochrotem Kopf bei mir an und hatte zwei Fremde dabei, die schon von weitem nach Bullen aussahen. Thiede platzte beinahe vor Aufregung, denn die Bullen kamen aus der Kreisstadt vom Vermißtendezernat, falls es so etwas gibt, und galten anscheinend in der Bullenhierarchie hundertmal soviel wie er. Außerdem war er wegen der langen Zeit, in der er »die Sache nicht so ernst nahm«, bereits in Erklärungsnotstand geraten. Ich bat die Herren auf Kaffee und Likörchen ins Wohnzimmer, wo sie sich recht unbehaglich fühlten. Tante Sophie putzte die ganze Zeit im Hintergrund, und plötzlich kam auch noch Ernst-Heinrich, der »da was zu richten hatte« und sich ausgiebig an der Heizung zu schaffen machte, die überhaupt nicht kaputt war. Anscheinend will er wirklich auf mich aufpassen, oder er ist bloß entsetzlich neugierig.

Ja, und dann kam das Verhör. »Würden Sie sagen, Frau Todtenhaupt, daß Ihr Mann Feinde hatte?« (Das würde ich Ihnen niemals sagen.) »War er vor seinem Verschwinden anders als sonst, irgendwie merkwürdig?« (Er war immer merkwürdig.) »Haben Sie sich eigentlich gut verstanden?« (Die Frage kam, nachdem ich auch mal was gefragt hatte, nämlich ab wann ich ihn eigentlich für tot erklären lassen kann.) Alles in allem habe ich aber, denke ich, einen guten, eingeschüchterten Eindruck gemacht, so daß sie mir nicht zutrauen, OW um die Ecke gebracht zu haben. Was ich ja auch nicht habe. »Da wäre dann noch die Sache mit Ihrer Geschäftseröffnung –« Jetzt mußte ich doch schlucken. Gleich würden sie fragen, woher ich plötzlich das viele Geld und so – »Meine Frau sucht schon so lange einen Vorhang mit Sonnenblumen drauf, richtig großen Sonnenblumen, das hat sie mal im Fernsehen gesehen. Meinen Sie, Sie könnten das besorgen?« Aber sicher, ich kümmere mich drum, der Kunde ist König, exquisiter Geschmack, und grüßen Sie Ihre Frau auch schön »unbekannterweise«. Unbekannterweise ist mein Lieblingswort. Neulich verschied übrigens mein Mann unbekannterweise, aber das weißt Du ja schon. Die Herren von der Ordnungsmacht gingen und prompt waren auch Ernst-Heinrich und Tante Sophie auf dem Rückzug.

»Was war jetzt mit der Heizung?«

»Grmpfbrummel.«

»Wie bitte?«

»Da war was middem Ventil nich in Ordnung.«

»Davon hatte ich gar nichts bemerkt.«

»Verstehst Du ja auch nix von, min Deern. Sei froh, daß ich das gerichtet hab, sonst hättest Du morgen nasse Füße.«

Am nächsten Morgen *hatte* ich nasse Füße.

Herzlich, Deine

Irene

P.S. Das mit »Reni's Wohnboutique« war natürlich ein Scherz. Tatsächlich wird mein Geschäft »Die Wohnstube« heißen. So sagt man hier nämlich noch; Zimmer gibt es nur für Fremde.

* * *

Hamburg, 11. Februar

Liebe Irene,

»Wohnstube« kenne ich auch noch. Und »Schlafkammer«. Das sagen hier aber nur die alten Leute. Jienshosen und Haarfrisur sind in Hamburg auch sehr beliebt. Sonst neigt der Hamburger ja eher zu Auslassungen: »Ich paß auf das Baby«. Zweimal »auf« scheint irgendwie zuviel zu sein. Ich habe auch schon »Kannst du mal den Köter passen?« gehört.

Das mit den Bullen ist ja prima gelaufen! Emanzipation hin, Emanzipation her – ich finde, wenn es hart auf hart geht, kommt die Nummer »Du bist groß und stark, und ich bin klein und doof« immer noch am besten. Ernst-Heinrich macht mir aber doch Sorgen – wenn Du meinst, Du brauchst einen Mann, dann sollte er wenigstens kleinere Reparaturen im Haushalt ausführen können, ohne daß gleich die Feuerwehr kommen muß. Ich sage es ungern, aber an diesem Punkt vermisse ich OW. Der schlug dir einen Nagel ein wie nichts! Ich bin ja auch nicht ganz ungeschickt, aber alles was man nicht mit Tesaband oder diesen Verschlüssen für Tiefkühlbeutel reparieren kann, geht über meine Kräfte. Handwerker könnte ich jetzt zwar bezahlen. Ich möchte es aber nicht. Meinen Flur und das Schlafzimmer hat letzte Woche der Sohn von Frau Burmeister tapeziert, dafür habe ich ihm seine Zwischenprüfungsarbeit in Philosophie getippt. Von Orthographie hat der vorn und hinten keine Ahnung und von Philosophie schon den ganzen Tag nicht. An seiner Stelle würde ich das Studium schmeißen. Ich habe aber nichts gesagt, weil in anderthalb Jahren seine Examensarbeit fällig ist und dann wären bei mir neue Küchentapeten und das Wohnzimmer dran. Seine Mutter macht übrigens das nächste halbe Jahr die Treppe für mich. Ich habe ihr vier Garnituren Bettwäsche genäht, sie arbeitet bei Karstadt in der Stoffabteilung, da greift sie ab, nehme ich an.

Apropos abgreifen, seit ich im Kaiserhof arbeite, habe ich noch nie Putzmittel kaufen müssen. Damit versorgt mich Frau Przybilla, die Hausdame. Ich lasse sie immer mal telefonieren, wenn an der Rezeption nichts los ist. Ihre Tochter wohnt in Südafrika. Behrmann hat uns noch nie erwischt, obwohl er überall herumlauert und das Schlimmste befürchtet. Die Küchenfrauen verdächtigt er, daß sie unter ihren Röcken einen Gürtel tragen, an dem sie meterlange Mettwürste befestigen und nach Hause transportieren. Das finde ich an sich eine gute Idee.

Der Tochter meines Hauswirts gebe ich seit drei Wochen Nachhilfe in Englisch. Jedenfalls glaubt er das und hat im Gegenzug auch richtig mein Bad generalüberholt. Sandra hatte mir aber den Vorschlag gemacht, daß ich ihr den Koffer mit meinen alten Kleidern aus den Siebzigern überlasse und sie dafür den Unterricht ausfallen läßt. Stattdessen geht sie zu ihrem Freund, bei dem ihr die Nachhilfestunden vermutlich mehr zusagen. Es wird aber wohl nicht Englisch sein, will ich hoffen.

Seit gestern vertrete ich die Sekretärin des richtigen Chefs, also des Hotelbesitzers, die mit »Bronschieten« im Bett liegt. Da habe ich im Moment nichts zu tun, weil er mit seiner Frau nach Rio zum Karneval geflogen ist. Die Buchhaltung tobt schon, weil klar ist, daß er diese Reise anschließend dem Finanzamt als Geschäftsreise unterjubeln will. Das hat er schon mit Olympiaden, Europameisterschaften und dem Davis-Cup-Endspiel versucht. Es ist ihm aber noch nie gelungen. Das heißt, es ist den Kolleginnen in der Buchhaltung noch nie gelungen. Ich glaube aber, denen geht eine gewisse persönliche Begeisterung für die Sache einfach ab.

Ich sitze also den ganzen Tag hinter meinem Schreibtisch und mopse mich. Ab und zu empfange ich Frau Przybilla zu einer Privataudienz, lese aber hauptsächlich Science-Fiction-Romane, die ich mir vom Bücher- und Zeitungsstand im Foyer ausleihe. Das ist keine unbedingt aufbauende Literatur, weil immerzu Krieg ist und die Mädels in den Bars der Raumstationen oben ohne rumlaufen und Schnuten ziehen, selbst wenn die Geschichte 20.000 Jahre in der Zukunft spielt. »Das sind ja keine schönen Aussichten nicht«, würde Frau Lornsen gesagt haben, die meine Mutter freitags immer fürs Grobe hatte. Was eigentlich das Grobe gewesen ist, weiß ich nicht. Meine Mutter war ja auch eher schüchtern und wenn sie verzagt auf einen Schrank oder auf den Küchenfußboden deutete, sagte Frau Lornsen immer: »Da geh ich nachher noch über« und betonte im gleichen Atemzug, daß sie »das eigentlich nicht notwendig« habe. Ich sah sie immer nur mit einem Alibi-Feudel in der Hand gegen ein Möbelstück gelehnt stehen und reden. Meistens über die Leute in P., bei denen sie montags bis freitags fürs Grobe zuständig war: »Das Kind von Heitmanns sieht ja sein' Onkel ähnlich wie außen Ei gepellt!« Montags bis donnerstags hat sie wahrscheinlich, an Tische und Sideboards gelehnt, den anderen Kunden über unsere Leichen im Keller Bericht erstattet. Das war dann wohl mit »Das Grobe« gemeint.

Eben bringt mir Sandra den leeren Koffer zurück, »Da war noch so'n oller Papierkram drin«, sagte sie. Das sehe ich heute abend mal durch.

Für heute herzliche Grüße und paß auf ErnstHeinrich. Deine

Marie

* * *

Hahnenhorn, 15. Februar

Liebe Marie,

anscheinend bist Du in den Sozialismus geraten, und zwar in eine sehr weit entwickelte Form, in der die Geldwirtschaft bereits aufgegeben wurde. Aufgrund meines ehemaligen Berufes kann ich das nicht goutieren, denn die rigorose Austrocknung von Geldinstituten bringt viele Leute um ihre Einkünfte und ihr Vergnügen. Hier funktioniert natürlich auch vieles nach dem Motto »dreimal Hühnerhüten gegen einmal Gardinenwaschen«. Die Kurse schwanken aber stark, so daß ich mich lieber auf mein gutes Bares verlasse.

Über das ländliche Geschäftsleben weiß ich noch nicht viel zu berichten, außer, daß mir viele Ratschläge zum ländlichen Geschäftsleben gegeben werden. Einer davon lautete, den Laden überhaupt nicht aufzumachen, weil auf dem Lande nur »nach Katalog« (aus dem Versandhaus) oder während eines »gemütlichen Beisammenseins« gekauft wird. Du erwähntest eine Tupper-Party, hier gibt es aber sogar Schrubber-Partys, deren Termine ich meist vergeblich vor Tante Sophie geheimzuhalten versuche. Jetzt geben sie sogar schon den Putzlappen Namen wie »Mallorca« und »Aldebaran«, obwohl die treueste Kundin, Tante Sophie, auch ohne diesen Schnickschnack zuverlässig zugreifen würde. Auf die Dessous-Partys geht niemand mehr, seit bekannt wurde, daß schon am nächsten Morgen im Dorf alle wissen, wer sich für rote BHs und für Spitzenhöschen mit Schrittverschluß interessiert, nämlich Zikkys verhuschte Frau, der niemand so etwas zugetraut hätte. Danach hat sie drei Wochen lang das Haus nicht mehr verlassen. Und bei wem die Naht gekracht hat, war sowieso gleich rum (Frau Ziegenfuß). Dann doch lieber nach Katalog einkaufen, das ist diskreter. Allerdings gibt es jetzt in Hahnenhorn schon Bestell-Gruppen, die auf einer Party gemeinsam den Katalog-Zettel ausfüllen. Party heißt in diesem Fall Schnittchen mit Krabbensalat von Aldi, Salzstangen und Asti Spumante. Die Veranstalterin muß niemals ins »Haus der schönen Dinge« zum Einkaufen gehen, weil sie ihre grausigen Kerzenhalter als »Präsent« vom Versandhaus bekommt.

Kurz und gut, anscheinend braucht die Landfrau eine familiäre Atmosphäre (Aldi-Schnittchen), damit sie ihre »Kaufentscheidung tätigt«, wie Ernst-Heinrich plötzlich dozierte, als er mir beim Anbringen des neuen Ladenschilds half. Weil ihm der Zwischenfall mit der Heizung so peinlich war, hat er seine Vorliebe für unbezahlte Handlangerdienste entdeckt. Vorgeblich zu meinem Schutze, tatsächlich aber vergeht er sonst vor Langeweile. Wovon er sich und seinen Bruder eigentlich ernährt, weiß ich nicht, habe aber gewisse Vermutungen. In letzter Zeit sind hier häufiger Kühe von den Weiden verschwunden.

Andererseits soll es im Laden auch »gediegen zugehen«, wie Tante Sophie mir beim Putzen erläuterte, d.h., der Sekt muß schon etwas teurer sein, damit die Damen das Gefühl haben, alles im Laden sei »erlesen« (Ernst-Heinrich), ich muß dabei immer an »erlogen« denken. Männer kaufen sowieso nichts zum Einrichten und brauchen deshalb nicht berücksichtigt zu werden. Frau Karge riet mir, mit einem grandiosen Ausverkauf zu beginnen, alle Preise radikal herunterzusetzen und »Heute großer Ramsch« auf die Scheiben zu sprühen. Anscheinend hat sie den Verkauf ihres Ladens noch nicht völlig überwunden. Frau Ziegenfuß erklärte mir leutselig, zur Eröffnung müsse es doch mal etwas Besonderes sein, zum Beispiel eine Bulettenparty. Dabei hielt sie die ganze Zeit den Daumen auf die Waage und rechnete ein dreiviertel Pfund Lachsschinken ab. Es waren aber nur acht Scheiben gewesen, durch die man hindurchsehen konnte. Sie denkt, daß ich das nicht merke; tatsächlich aber weiß ich einiges über ihren Mann, z. B. wer damals nackt in den Karpfenteich springen mußte, als Bauer Krüger überraschend vom Feld nach Hause kam. Herrn Ziegenfuß berichte ich dann häufiger, daß seine Eheliebste mir ein Kilo Lachsschinken berechnet hätte. Man muß auch mal an sich denken, sonst kommt man zu nichts, wie Frau Jebens früher gerne sagte. Allerdings sagte sie »nach nichts«, was ich bis heute nicht begreife.

Offenbar erwartet jeder eine knallige Fete zur Geschäftseröffnung, während ich mir überlege, was ich noch so an nützlichen Dingen über wen im Dorf weiß, um meinem Laden eine freundliche Stammkundschaft zu sichern. Diese konzeptionelle Arbeit schlägt ja auch mehr in meinen alten Beruf und macht mir viel Freude. Auf jeden Fall muß ich an den heißen Informationskanälen dranbleiben, obwohl Frau Ziegenfuß mit mir nur noch das Nötigste spricht. Dabei hat die Öffentlichkeit doch ein Informationsrecht! Ich werde den Schützenverein oder den Sportverein aufsuchen müssen, obgleich ich mir schlecht vorstellen kann, wie man sich beim Turnen unterhalten soll.

Übrigens ist Tante Sophie aus dem Altersheim in eine Hahnenhorner WG gezogen. Es heißt zwar »Betreutes Wohnen«, aber wenn Du mich fragst, können die alten Leute da machen, was sie wollen. Das muß ja nicht sein. Als ich neulich versuchte, Sophie wieder einige Putzlappen abzunehmen, sagte sie ganz fünsch: »Mein Zivildienstleistender hat gesagt, ich darf sie behalten und mir jede Woche neue kaufen!« Und ob sie jetzt mal mein Haus für Ottos Rückkehr ein wenig auf Vordermann bringen sollte, die jungen Frauen wollten ja heute nur noch Geld verdienen und überhaupt nicht mehr saubermachen. Das hätte ihr Zivildienstleistender auch gesagt. Ich habe ihn dann kennengelernt, er heißt Benjamin und reicht mir kaum bis zu den Kniekehlen. Solche aufrührerischen Geister sollten meiner Ansicht nach noch nicht mal einen Goldfisch betreuen dürfen, falls hier irgend jemandem außer mir noch was am Wohl der Gesellschaft liegt. Womit wir wieder beim Sozialismus angekommen wären. (Nein, nicht wirklich. Reg' Dich bloß nicht auf.)

Mit erschöpften Grüßen, Deine

Irene

Hamburg, 24. Februar

Liebe Irene,

Der Hammer! Am besten setzt Du Dich erst mal hin. Und stell die Kognak-Flasche in Reichweite oder wirf ein Fisherman's Friend ein oder was Du sonst an Drogen nimmst, meinetwegen auch die Tantenpillen – also, ich bin ja bald durchgedreht, als ich gestern abend den »ollen Papierkram« durchgesehen habe! Dieses Arschloch! Wie konnte er! Wie konnte sie! Kurz und gut, ich meine – sitzt du auch wirklich? Ich habe ja gleich meine Tapeten angebrüllt, bis Frau Burmeister klopfte und mir zunächst mitteilte, daß ich sie »verjagt« hätte, was in Hamburg »erschreckt« heißt, um dann zu fragen, ob ich mich »nicht fühle«. Das würde sie auch noch fragen, wenn ich mit dem Kopf unterm Arm bei ihr klingelte. Die hat vielleicht Nerven! Ich habe keine mehr, das kannst Du mir glauben, na gut, ich falle gleich mit der Tür ins Haus: OW war mit seiner Mutter verheiratet! Jetzt sag was! Nachdem ich auf einen Stuhl geklettert, die Flaschen auf dem Küchenschrank durchgesehen und mit einer halben Flasche Veterano fündig geworden war, kam ich nach einer Stunde auf die wohl naheliegende Idee, daß sie gar nicht seine Mutter ist. Nehmen wir das mal als Arbeitshypothese. Er heiratet mit 21 Jahren eine 17 Jahre ältere Frau. Soll ja schon vorgekommen sein, wenn auch meistens umgekehrt. Dagegen habe ich ja nichts. Ich habe auch nichts dagegen, daß er sich wieder scheiden läßt. Ja, das hat er, die Urkunden waren säuberlich hintereinandergeheftet. Immerhin! Aber warum, frage ich Dich, warum zog er mit seiner Ex durch die Gegend und machte einen auf Sohnemann?? Doch Ödipus? Oder Gaunerpaar? Oder hat sie ihn erpreßt? Oder haben sie beide nur einfach einen Knall? Ich weiß ja gar nichts mehr! Na warte, Kläre muß demnächst von Mallorca zurückkommen, die werde ich mir zur Brust nehmen, bis es rauscht. Dich würde ich zu und zu gern dabeihaben, aber wir sollten unsere connection wirklich geheimhalten. Wer weiß, was da noch alles im Busche ist.

Ich bin dann heute morgen gleich auf den Dachboden und habe das andere Zeug von ihm runtergeholt, bin bis jetzt aber noch auf nichts gestoßen, was irgendwie erhellend sein könnte. Sei so gut und forste bei Dir noch mal alles durch.

Jetzt muß ich los, habe mich zur Dauerwelle angemeldet. Optimal, um eine Krise abzufedern. Anschließend vielleicht noch ein Besuch bei Ingrid. Sie rief mich gestern an, um mitzuteilen, daß sie jetzt die ultimativen Bodies auf Lager hat.

Antworte schnell! Deine

Marie

* * *

Hahnenhorn, 26. Februar

Liebe Marie,

also wirklich: der Hammer. Soviel Kognak hatte ich gar nicht im Haus, um diesen Schlag in die Magengrube wieder auszugleichen. Ich fand Kläre ja schon immer ein bißchen sehr keck und naßforsch, aber ich dachte, sie mag mich einfach nicht. Daß sie OWs Ex sein könnte, darauf wäre ich nie gekommen. Als er mich damals, nach unserer »Heirat«, seiner Mutter vorgestellt hatte, kam es mir schon ein wenig seltsam vor, daß sie erklärte, sie wolle ihrem Sohn die Ohren waschen und mit ihm eine halbe Stunde lang im Badezimmer verschwand. Ich vermutete aber damals, sie wollten sich in Ruhe streiten, und vielleicht wollten sie das ja auch. Nur kamen sie beide sehr erhitzt und verdrückt wieder aus dem Badezimmer, weil es so warm und so eng gewesen sei. Warum sie aber nicht mit ihm gebrochen hat, nachdem er gleich zwei neue Ehefrauen hatte, oder er sich nicht rechtzeitig aus ihrem Dunstkreis abgesetzt hat, falls sie davon nichts wissen sollte, das verstehe ich, ehrlich gesagt, nicht.

Ich habe den ganzen Sekretär noch einmal abgesucht. Außer den grauenerregenden Unterlagen von »Erotic Force« habe ich aber nichts gefunden. Damit fütterte ich den Kamin, und schließlich wollte ich ein Aspirin nehmen, weil ich vor lauter Wut schon Kopfschmerzen hatte. Es kann auch vom Kognak gekommen sein. Diesmal habe ich aber genauer hingeschaut, und es waren schon wieder Sophies Elefantenpillen in der Dose. Da kam mir die Idee, ob OW vor seinem unerwarteten Ende vielleicht bei der Tante einiges verstaut hat, denn sie ist ja schon länger so durcheinander, daß sie brisante Dokumente nicht vom *Goldenen Blatt* unterscheiden kann. Insofern wiederum ist ihr Zimmer kein guter Platz für belastendes Material, da OW nicht sicher sein konnte, daß Tantchen nicht versuchen würde, Heiratsurkunden gegen Putzlappen einzutauschen.

Ich stürme also zur WG, die auf einem aufgegebenen Bauernhof residiert und eile schnurstracks in Tantes Zimmer. Da sitzt Benjamin mit Sophie am Fenster bei Kaffee und Kuchen und durchwühlt ihren Schmuckkasten. Ich glaube, ich habe nicht wesentlich blöder geguckt als er. Sophie merkt gleich, daß etwas nicht in Ordnung ist und fängt an, diesem Goldfischwärter die Hand zu tätscheln. »Frau Schulze hat mir ihre Schätze gezeigt«, sagt der Knaller und lächelt blöd. Der hat mir gerade noch gefehlt! »Sophie«, sage ich und versuche, diesen sozialpädagogisch lackierten Schnösel einfach zu ignorieren, »Sophie, hat Dir Otto irgendwas zum Aufbewahren gegeben? Papiere? Aktien? Geld? – Verlassen Sie bitte den Raum, dies ist ein Privatgespräch«, herrsche ich Benjamin gleich noch an, der nämlich schon ganz große, rote Ohren vor Neugier hat. »Benjamin ist mein männlicher Schutz«, zirpt Sophie allen Ernstes dazwischen, während sie den Kerl festhält. »Tante, konzentriere Dich bitte! Es ist furchtbar wichtig!«

»Frau Schulze darf sich nicht echauffieren«, spielt der Kindskopf sich gleich auf.

»Ach was, die ist doch die Ruhe selbst. Außerdem ist das immer noch *meine* Tante!« Nicht ganz logisch, gebe ich zu.

»Ich glaube nicht«, entgegnet der Rächer der Senioren noch, schon etwas unsicher, da habe ich ihn auch schon aus der Tür geschoben.

»So!« sage ich ganz ernst zu Sophie, die schon wieder einen Putzlappen (woher?) in den Händen ringt und mir ein wenig leid tut, aber nicht leid genug. »Wessen Tante bist Du? Benjamins?« Sie schüttelt verstockt den Kopf. »Ottos?« Jetzt sieht sie betreten aus. »Da«, sagt sie schließlich widerwillig und deutet unter das Bett.

Hinter 26 Flaschen »General« und »Viss« und einem Wall aus Lappen und Tüchern aller Größen finde ich schließlich einen Karton, der stark nach »Wir liefern diskret verpackt frei Haus« aussieht. Den klemme ich unter den Arm, während Sophie vor sich hinwimmert, weil sie sich nämlich schämt, und das ist ja auch richtig so. Ich reiße die Tür auf, Benjamin fliegt Kopf voran herein (hat gehorcht, der kleine Scheißer) und rausche ab.

Zu Hause packe ich aus und finde blöde Souvenirs von irgendwelchen Tussis (nicht von Kläre, soweit ich sehen konnte. Aber ein Blümchen-Slip in Größe 58 war dabei, der bestimmt Frau Ziegenfuß gehört). Ganz unten liegt eine Lebensversicherungspolice. Davon hat er mir nie etwas gesagt. Demnach hätte OW eine schlappe Million Mark bekommen, wenn es mich zuerst erwischt hätte. Nenn mich paranoid, aber beruhigen tut mich das nicht.

Was machen wir jetzt, fragt Deine

Irene

* * *

Hamburg, 28. Februar

Liebe Irene,

jetzt machen wir erst mal rein gar nichts. Wir regen uns noch ein paar Tage auf, was gut für den Kreislauf ist, aber nicht zu lange, weil das schlecht für den Teint ist, und widmen uns dann wieder der Bewältigung des normalen Wahnsinns.

Wir können jedenfalls von Glück sagen, daß Oweh vor uns dahingegangen ist. Ich nehme an, daß auf meinen Namen auch noch irgendwo eine Police herumfliegt. Wenn einer Aussicht auf eine Million hat, dann will er auch noch die zweite, das ist ja bekannt. Fällt mir ein – vor einem Jahr wollte er mich unbedingt zu einer Kreuzfahrt überreden! Du mußt Dir diese Schiffe als eine Art schwimmender Altersheime für Betuchte vorstellen – ich habe mal eine Saison auf so was gearbeitet. So viele geriatrische Flunken hast Du noch nie auf Deinem Popo gehabt, sage ich Dir! Im Stauraum standen auch immer ein paar Särge in Reserve. Vielen Herzlichen Dank! Jetzt bin ich mir ziemlich sicher, daß er sich vorgestellt hat, mich bei einem romantischen Deckspaziergang unter südlichen Sternen mal kurz über die Reling zu schubsen. Verbrecher! Ich kann nämlich nicht schwimmen, er übrigens auch nicht, aber einen heroischen Rettungsversuch des verzweifelten Gatten hatte er bestimmt nicht eingeplant. Nachdem ich mich kategorisch geweigert hatte, mietete er ein Holzhäuschen in Dänemark, das eines Nachts niederbrannte, als ich allein zu einem romantischen Spaziergang unter nördlichen Sternen aufgebrochen war, ohne daß er es bemerkt hatte, denn wir schliefen in getrennten Zimmern, offiziell wegen der Schnarcherei. Die Schlußfolgerung überlasse ich Dir!

Liebe Irene, irgendwie drängt sich ja der Gedanke auf, daß wir beide keine glückliche Hand bei der Gattenwahl bewiesen haben. Und wenn sich nicht der HErr unseres kleinen Problems angenommen hätte, würden wir jetzt ganz dumm aus der Wäsche gukken. Genauer gesagt, würden wir wohl aus gar nichts mehr gucken. Das Leben ist schön!

So schön nun auch wieder nicht. Wie gerne würde ich zur Abwechslung einmal wieder mit den Hühnern ins Bett gehen. Oder mit Heidschnucken meinetwegen, die ja wohl bei Euch den Ton angeben. Wie machen die übrigens? Hühner machen gackgack und Heidschnucken schnuckschnuck, oder? Gestern war nämlich wieder Paadie nebenan im Sozialbunker, wo jede Menge Punks mit ihren Familien (wauwau) untergebracht sind. Ich weiß nicht, was der Anlaß war – billiges Dope angekommen? – jedenfalls legten sie ihre konservativen Platten auf (TonSteineScherben), nachdem die Boxen vorher in die offenen Fenster gestellt worden waren. Solche Musik laß ich mir ja noch gefallen, schlimmer finde ich das ewige »Let's spend the night together« auf den Lehrer- und Sozialarbeiterfeten. Wo dann unsere Mitweiber, die jahrzehntelang nur Sachen getragen haben, für die Tausende von Schafen »verreisen« mußten, jetzt in Stretchkleidern auftauchen, die gerade mal die Schamhaare bedecken. Neue Sinnlichkeit. Pah.

Um Mitternacht ging es richtig los. Zuerst dachte ich, es würde zur Abwechslung mal echt geschossen, es waren aber nur Böller, Raketen und vielleicht auch Mollies. Dazu die Köter, die schier wie wahnsinnig auf der Straße herumrasten. Während der Raketenphase wurden die Anlagen lauter gestellt, weil sonst die Musik nicht mehr zu hören gewesen wäre. Inzwischen waren sie zum St. Pauli-Fan-Song übergegangen. Bei uns im Hause war dann eine gewisse Bewegung mehr zu spüren als zu hören, und ich dachte auch einen Moment daran, für alle Fälle meine Kreditkarten und die neuen Bodies einzupakken, da liefen die Bullen ein. Das nützte aber weiter nichts, weil die nur zu viert waren. In kleiner Besetzung trauen sie sich nicht in den Bunker, weil es gleich auf die Mütze gibt.

Leid taten mir nur die Alten im Pflegeheim nebenan. Die Nachtschwester mußte denen bestimmt eine doppelte Dosis Nembutal, oder wie das Zeug heute heißt, verabreichen und erklären, daß noch nicht wieder Krieg ist. Genau weiß man es allerdings nicht.

Heute morgen hätte ich an sich ausschlafen können, aber Jens und Nicole unter mir kriegen ein neues Badezimmer. Ich sage nur: Flex und Vorschlaghammer! Und zwar ab Punkt sieben Uhr. Da muß man ja zur Kommunistin werden. Zehn nach sieben klingelt der Klempner, um mir mitzuteilen, daß sie jetzt das Wasser abstellen. Klasse! Ich sitze also hier und schreibe mit ungewaschenen Fingern auf meiner sauberen Schreibmaschine. Das dankt einem wieder keiner. Donnerstag fahre ich nach Föhr zu einer Fortbildung vom Hotel- und Gaststättenverband. Ich nehme an, daß sie da gerade den Strand planieren. Und die Dorfjugend die ganze Nacht das Seminarhaus mit ihren getunten Mofas umrundet. Wenn ich im Ausland bin, scheine ich diese Sorte Jugendlicher magisch anzuziehen. Vielleicht bin ich ja, ohne es zu wissen, die Göttin der Mofafahrer. Viel lieber wäre ich die Göttin der Schnucken. Oder die Göttin gutaussehender, frischgewaschener und taubstummer junger Männer. Das wäre ein Leben! Da mag ich gar nicht dran denken!

Bis die Tage! Deine

Marie

* * *

Hahnenhorn, 4. März

Liebe Marie,

wahrscheinlich hast Du recht und wir machen am besten gar nichts. Allerdings bin ich sehr gespannt auf Kläres Rückkehr, um mich einmal vornehm und zurückhaltend auszudrücken. Daß aber unser gemeinsamer Ehemann, nachdem es ihm so hübsch gelang, zwei Frauen zu bekommen, die eine (Dich) auf so häßliche Art wieder loswerden wollte, kann ich mir kaum vorstellen. Er war doch ein Gentleman, wie Tante Sophie immer sagt. Bzw. sie sagt natürlich, daß er ein Gentleman *ist*. Sophie hat allerdings neulich auch behauptet, Benjamin wirke so männlich auf sie. Im Moment ist sie böse auf mich, weil ich ihr die Sachen, die sie doch nur »aufbewahrt«, weggenommen habe. Wahrscheinlich verdreckt mir mein Haus ein bißchen, bis Gras über unseren Streit gewachsen ist, aber ich hatte auch schon Sehnsucht nach meinen niedlichen kleinen Wollmäusen. Unter Sophies Regentschaft trauten sie sich gar nicht mehr hervor.

Heidschnucken machen übrigens reinweg gar nichts. Es sei denn, Du zählst »möhmöh« unter die relevanten Lebensäußerungen, was ich nicht glauben kann, weil man Dich ja sonst als eine eher anspruchsvolle Person kennt. Wenn ich also durch Hahnenhorn gehe und »möhmöh« mache, ist das, als wäre gar nichts. Niemand gibt darauf acht. Du würdest auch nicht darauf achtgeben, denn ich gucke so, als ob mit mir nicht gut Kirschenessen sei, wie wir hier gerne sagen. Seit Sophie meinen letzten Küchenstuhl in der Badewanne eingeweicht hat, habe ich gelegentlich schlechte Laune. Die anderen Stühle waren bereits bei Ernst-Heinrichs kleinem Heizungsunfall draufgegangen. Möbel sind auf dem Land nicht eben üppig gesät, mußt Du wissen. Vielleicht sollte ich demnächst in meinem Laden welche verkaufen. Jedenfalls drehte mir der Trödler im nächsten Dorf statt einem neuen alten Stuhl einen Eßteller mit Blumenmuster an, den schon meine Oma altmodisch gefunden hätte. Außerdem ist ein Sprung drin, vor den er beim Anpreisen seinen riesigen Daumen gehalten hat. In »Heiner's Möbelfundgrube« dagegen versuchte ein zehnjähriges Gör, mir Gardinenstangen aufzuschwätzen. Mit mir kann man's ja machen.

»Die sind echt klasse und beinahe neu.«

»Brauch ich nicht. Wo ist hier eigentlich der Boß?«

Aus dem Hintergrund wankte Ernst-Heinrich hervor und murmelte, er sei hier bloß in Vertretung, was aber ich denn hier wolle.

»Küchenstuhl!« sagte ich knapp, damit es nicht zu Mißverständnissen käme.

»Wat wissu?« fragte er zurück, als hätte ich den Mond verlangt. Die Hose war noch eine Spur dreckiger als beim letzten Mal. »Küchenstuhl. Einen Küchenstuhl! Zum Sitzen.« Tatsächlich ging ich jetzt leicht in die Knie und wippte mit dem Hintern, um anzudeuten, worum es mir ging. Das Gör griente, Ernst-Heinrich kratzte sich am Kopf.

Körpersprache kann ja vieles erläutern, was man »verbal so nicht sagen kann«, wie mir neulich eine junge Mannsperson im »Haus der schönen Dinge« anvertraute. Das ist wahr. Es ist zum Beispiel schwierig, mit Worten die Geste zu beschreiben, die viele Menschen machen, wenn sie andeuten, sie hätten mit jemandem telefoniert oder müßten das noch tun. Da stecken sie sich den Daumen ins Ohr und den kleinen Finger in den Mund, um derart gleichermaßen das Gerät zu simulieren, um das es ihnen geht, und darauf hinzuweisen, welch eine enge Verbindung zwischen Ohr (Hören) und Mund (Reden) besteht. So ein Mensch, der mit der Hand einen Telefonhörer simuliert, ist das Inbild geglückter Kommunikation. Ich wünsche mir die Ausweitung dieses schönen Brauchs der verdeutlichenden Geste auf andere Gegenstände des täglichen Lebens, beispielsweise Staubsauger, Mixgeräte und Klospülungen. Wer andere Leute mit Erzählungen von Fernsehsendungen belästigt, sollte grundsätzlich gezwungen werden, am Anfang jeden Satzes mit den Zeigefingern ein Viereck vor seinem Gesicht in die Luft zu malen, damit deutlich wird, er redet jetzt quasi aus dem Kasten. Dies alles berichte ich Dir übrigens, um mir die Zeit bis zu Kläres Heimkehr zu verkürzen und bis dahin nicht durchzudrehen.

»Wir hätten da Gardinenstangen, die müssen dringend raus«, sagte Ernst-Heinrich schließlich.

»Die brauche ich auf gar keinen Fall!«

»Das kannst du nicht wissen. Die sind echt günstig.« Die Platte kenne ich, aber sie zog nicht, denn schließlich schien es mir unmöglich, daß plötzlich eine Gardine durchs offene Fenster angeflogen kommt und nach einer Stange verlangt, so daß ich schmerzlich bereuen würde, keine gekauft zu haben.

»Hast du nicht irgendwas, das so ähnlich ist wie ein Stuhl?« probierte ich nun den Kompromiß. Ich dachte an einen Hocker oder eine Bank. Ich hätte nichts dagegen gehabt. Hauptsache, ich muß mein Frühstück nicht mehr im Stehen einnehmen.

»Ich habe da wirklich sehr schöne Gardinenstangen. Erste Qualität.« Ernst-Heinrich wollte nicht aufgeben. Gleich würde er mir erklären wollen, daß man da Gardinen dran hängen kann, so daß jedenfalls niemand schon von draußen sehen muß, wie spärlich möbliert meine Küche zur Zeit ist. Und daß Sitzen schädlich für den Rücken ist. Daß sich in seinem Haus überhaupt kein Stuhl befindet, was ich ohne weiteres glaube, aber nicht für ein Argument halte.

Jetzt stehe ich bei Ernst-Heinrich vor der Tür und mache solange »Möhmöh«, bis ich ein Möhbel bekomme. Wahrscheinlich wird er bald herauskommen und sagen, daß er jemanden kennt, der mir einen alten, wackligen Küchenstuhl im Tausch gegen eine Gardinenstange erster Qualität anbieten könnte. Der Mann wird mein kaufmännischer Berater!

Bis dahin herzliche Grüße, Deine

Irene

* * *

Hamburg, 10. März

Liebe Irene,

die Fortbildung war Klasse! Titel: »Gäste-Verarschung«. Das sagte aber bloß Rita, in Wirklichkeit hieß es: »Für den ersten Eindruck gibt es keine zweite Chance – ein Knigge für Dienstleister«. Behrmann hatte Rita und mich angemeldet – wir haben gerade zwei Volontärinnen für den Empfang bekommen, da sagte er, wir seien entbehrlich und könnten ein bißchen Schliff gebrauchen. Rita glaubt, daß er mich damit meinte, weil er letztens nach einer meiner Lacharien zu mir gesagt hatte: »Frau Fleischmann, lachen Sie nicht so laut. Damen lachen nicht, Damen lächeln. Dschingis *Khan* lachte.« Ich glaube aber, daß er damit auf Rita zielte, die neulich in Gegenwart von Behrmann auf die Frage eines Gastes, wieviel Sterne unser Laden denn hätte, geantwortet hatte: »Wenn wir noch einen kriegen, sind wir auf Null.« Behrmann war auf 180, aber der Oberkellner Herr Henschel gab ihr gleich einen aus. Seit der einmal mit den Händen in den Hosentaschen die Treppe zum ersten Stock runtergefallen ist, weil die Teppichstangen locker waren, gibt er immer einen aus, wenn er mal »die Wahrheit hört über diese Bruchbude«, wie er sagt.

Egal, ob es um Keks-Forschung oder Trennmüll geht – außer den üblichen Fachleuten ist heutzutage ja auf jedem Seminar ein Psychologe dabei. Diesmal sollten wir uns in Gruppen aufteilen nach unserem

Platz in der Geschwisterfolge. Ältestes Kind, mittleres, jüngstes und Einzelkind. Das kannten wir schon. Ich war schon mal Älteste und Jüngste gewesen, Rita auch, da gingen wir in die Einzelkindgruppe. Dort sollten wir zuerst unsere Namen sagen und was wir emotional damit verbinden. Die Psychologin wählte einen etwas unglücklichen Einstieg, indem sie als erste ihren Namen – Paula – nannte und dann fortfuhr, daß dies nicht ihr richtiger Name sei, sie habe sich umbenannt, weil sie auf einen ganz schrecklichen, geradezu fürchterlichen und unbeschreiblich häßlichen Namen getauft sei, der bei ihr jahrelang abwechselnd Tobsuchtsanfälle, Depressionen, Herzrhythmusstörungen und beinahe Krebs verursacht habe.

Kurz und gut, Du wirst es schon erraten haben – sie hatte Marie-Luise geheißen. Rita war als nächste dran und sagte, daß sie das sehr gut verstehen könne, sie habe dasselbe durchgemacht, sei sogar zweimal in der Psychiatrie gelandet, wo es allerdings ganz lustig gewesen sei, aber mit ihrem Taufnamen Paula hätte sie sich sonst auch über kurz oder lang die Kugel gegeben. Rita und ich lagen uns danach stundenlang in den Armen. Die Psychologin wurde ganz spitz und sagte, daß Einzelkinder dafür bekannt seien, daß sie sich häufig danebenbenehmen. Da lagen wir uns noch mehr in den Armen.

Noch nie bin ich in zwei aufeinanderfolgenden Tagen so oft mit meinem Namen angesprochen worden wie auf diesem Seminar. Selbst Rita verzichtete auf ihre übliche Goldfasan-Nummer: »Marie-Luise!

kannst du mir mal die schlimme Augenwurst rüberreichen, Marie-Luise? Danke, Marie-Luise!«

Als wir gestern unseren Dienst wieder antraten, herrschte dicke Luft. Eine der Volontärinnen hatte die erste goldene Regel im Hotelfach gebrochen, die da lautet: »Schicke einem Gast niemals einen liegengebliebenen Gegenstand nach, außer er verlangt es und kann ihn beschreiben.« Jetzt hatte Behrmann eine Gattin am Apparat, die, wie ich seinen Antworten entnahm, niemals ein so ordinäres Flittchennachthemd tragen würde und überhaupt in der letzten Zeit gar nicht in Hamburg gewesen sei, nur ihr Mann. Es müssen auch noch andere unfeine Begriffe gefallen sein, wie »Puff«, »Saustall« und vermutlich »Unfähigkeit«, denn Behrmann schnappte hörbar nach Luft, weil das das einzige ist, was ihn wirklich trifft. Ich warf einen Blick auf den Anmeldezettel und flüsterte ihm zu: »Namensverwechslung«, was er auch prompt aufgriff. Ich habe schon oft versucht, etwas so Dummes zu sagen, daß wirklich keiner drauf reinfällt, aber es ist mir noch nie gelungen. Die Leute hießen Oehlenschläger-Rumpumpel oder so ähnlich und das kann man ja höchstens mit Rumpumpel-Oehlenschläger verwechseln.

Die Volontärin hat Behrmann gleich beim Kragen gepackt und in die Telefonzentrale gesteckt, wo sie jetzt, wie ich höre, allen Gästen, die nur mal ein Taxi bestellen wollen, die Geschichte brühwarm rauf und runter erzählt. Ich glaube nicht, daß sie eine Karriere im Hotelfach machen wird. Rita schlug vor, daß sie doch ihren Namen ändern und in die Psychologie einsteigen solle. Dann brachen wir hinter der Rezeption zusammen. Behrmann soll daraufhin zum Chef gesagt haben, daß die Fortbildungen heutzutage auch nicht mehr das wären, was sie früher mal waren.

Herzliche Grüße von Deiner

Marie

P.S. Kläre schrieb mir auf einer Sonnenaufgangskarte, daß sie in etwa vier Wochen zurückkommt. Dann werde ich ihr mal zeigen, was ein Sonnenuntergang ist!

* * *

Hahnenhorn, 16. März

Liebe Marie,

oder Marie-Luise, wie ich jetzt wohl besser wieder schreiben sollte, damit Du Dich daran weiden kannst. Paula ist nun wirklich der allerdümmste Name auf der Welt – erinnerst Du Dich an Kluten-Paula, die den Kiosk hinter der Schule hatte? Aussah wie ein Kloß, und die Süßigkeiten, die wir kauften, immer so lange angrabbelte, bis wir sie eigentlich gar nicht mehr essen mochten, und »großzügig« den kleinen Kindern geschenkt haben? Später sah ich dann mal, wie die kleine Schwester von Irene

Köncke Kluten-Paula Schnapsreste brachte. Die hatte sie aus dem Barschrank ihrer Eltern mitgehen lassen. Das ganze war ein Bomben-Tauschgeschäft, und wir waren mal wieder die Angeschmierten. Ich weiß überhaupt nicht, wozu das Geld erfunden wurde, wo es doch den Schnaps schon gab.

Ernst-Heinrich war eben hier und hat mir tatsächlich vier Stühle gebracht, »zum Falten«, wie er sagte, also Klappstühle. Ich zückte mein Portemonnaie, und er winkte ab: »Lot man ween!« Wie, er sei doch wohl extra in die Stadt gefahren und habe – »Nänä, die habe ich gefunden.« Es klebten noch Preisschilder dran, aber er wollte partout kein Geld dafür. Schließlich konnte ich ihn wenigstens auf einen Schnaps überreden, damit dann die neuen Stühle gleich formvollendet eingeweiht würden.

Nach dem dritten Klaren gab er zu, keinen Bruder zu haben. »Aber da leb' ich von.« Das kapierte ich nicht gleich, wie ich zugeben muß. Du weißt ja, ich vertrage Schnaps nicht so gut.

Nach und nach kristallisierte sich dann heraus, daß durch einen Behördenfehler Ernst-Heinrich seit seinem zwanzigsten Lebensjahr zweimal geführt wurde, als Ernst-Heinrich und als Heinrich-Ernst. Da das Geburtsdatum dasselbe blieb, hatte er sozusagen einen Karteizwilling bekommen. Seine Versuche, dies »aufm Amt« rückgängig zu machen, scheiterten, da man ihn – zu Recht – für bekloppt oder betrunken hielt. Als er eines Abends bei Zicky auf Korn und Bier saß, hat der ihm gesteckt, wie man mit einem solchen Himmelsgeschenk umgeht:

Heinrich-Ernst ist Bezieher diverser obskurer Unterstützungen. Damals, als ich mein Soziologiestudium abgebrochen hatte und als Aldi-Kassiererin ging, hätte ich Zicky kennen sollen. Da hätte mein Ausflug ins Volk nicht so lange gedauert. Aber ich fand ja dann auch schnell eine erfreuliche Einkommensquelle.

Mit Zickys Hilfe hat Heinrich-Ernst sogar die mit 3000 Mark dotierte »Niedersachse des Jahres«-Medaille erhalten, wegen seiner Bemühungen um die Rettung des Schwarzstorches. Heinrich-Ernst hat nämlich wochenlang im Wald kampiert, um den Schwarzstorch vor Belästigungen durch den gemeinen Niedersachsen zu schützen. Haha. Schwierig war natürlich, zu erklären, warum sein Zwillingsbruder nicht zur Preisverleihung erschien. Angeblich mußte er sich inzwischen um die Schwarzstörche kümmern.

Nach dem fünften Schnaps schlug ich Ernst-Heinrich vor, daß er sich doch mehr als eine Hose zulegen sollte, um die Zwillingsnummer auch weiterhin überzeugend vorzuführen. Da war er ziemlich betroffen. Er habe gedacht, das falle gar nicht so auf. Männer denken oft komische Sachen.

Er wolle mir aber auch mal was sagen. Man rede über mich und meinen abgehauenen Mann. »Das kann ich mir aber gar nicht vorstellen.« Doch, doch, das sei wirklich wahr. (Der Provinzler ist etwa so empfänglich für Ironie wie sein Traktor.) Und er habe das Gefühl, ich brauche ein wenig Schutz, wo alle gegen mich seien und ich auch noch einen Laden aufmachen wolle, und zwar männlichen Schutz. »Ernst-Heinrich, mir graut vor dir. Was willst du von mir?« Nee, das nicht, da sei er nicht so für. »Aha.« Er brauche eine Aufgabe. »Wie stellst du dir das denn vor?« Er könne beim Einkauf helfen. »Wie das denn?« Das werde ich dann schon sehen, und außerdem – hier zog er hinter dem Rücken einen Baseball-Schläger hervor. »Huch!« Man kann nie wissen, betete er jetzt sein Mantra herunter, man kann nie wissen, Irene. Anscheinend erwartet er, daß mir wohler ist, wenn ein wahnsinniger Scheinzwilling in dreckigen Hosen mit Baseball-Schläger in meiner Nähe auf »Kundschaft« lauert. Übrigens *ist* mir wohler.

Dann klingelte es, und Benjamin stand mit Sophie vor der Tür. Sie war »für gut« angezogen, hatte einen Hauch Lippenstift aufgelegt, in einem Rot, das man seit Marlene Dietrich nicht mehr auf einem menschlichen Lippenpaar gesehen hatte, und lächelte kokett. Benjamin fahre sie jetzt zum Grand Pricks der Volksmusik. Ich tischte noch mehr Schnaps auf, in der Hoffnung, die beiden von ihrem grausigen Tun abzubringen. Da aber Ernst-Heinrich fortgesetzt »Hosenscheißer« zu Benjamin sagte, war mir kein Erfolg beschieden.

Schließlich verdrückte sich auch Ernst-Heinrich, der, wie ich nun weiß, nie Kassierer in einer Sparkasse gewesen ist. Die Flasche war leer, und wir waren – nicht leer. Gottseidank will er nicht auch noch auf meinem Bettvorleger schlafen, um mich auch nachts zu beschützen. Anscheinend stellt er sich irgendeine Art von Gewinnbeteiligung vor, dafür, daß er meinen Schnaps austrinkt. Ich las noch ein bißchen in der Zeitung : »Strohhaufen brannte in Dörpfeld – Ente in Wendelsen über die Straße gebracht – Einbruch in Möbelhaus – Hengstparade«. Moment mal. Einbruch in Möbelhaus? Ja, Du ahnst es sicher schon. Ernst Heinrich hat anscheinend wirklich so seine »Verbindungen«, wie er etwas unscharf formulierte. So stellt er sich also den Einkauf für meinen Laden vor.

Ernüchtert, Deine

Irene

* * *

Hamburg, 23. März

Liebe Irene,

Gott bewahre uns vor hohem Alter! Was hältst Du davon, wenn wir später, statt uns von Zivildienstleistenden knechten zu lassen, Schwulenidole werden? Da wird man auf irren Parties kostenlos verpflegt und angehimmelt und kann sich vorn und hinten benehmen wie die Sau.

Ich wohne ja neben einem Altersheim, und an schönen Tagen werden die »Senioren« ins Freie geschafft, wo sie dann stumm und wütend um einen großen Tisch herum sitzen und zweimal die Woche eine Beschäftigungs-Therapeutin über sich ergehen lassen müssen. Gestern war es hier für März schon richtig heiß. Ich werkelte auf meinem Balkon herum und schnippelte meinen Knöterich ein bißchen herunter, weil der mir letztes Jahr durch die Küchenklappe reingewachsen war und vermutlich einiges hinter den Hängeschränken angerichtet hat. Ich habe vorsichtshalber noch nicht nachgesehen. Nebenan war die Therapeutin am gute Laune machen. Erst mußten die Alten sich gegenseitig Stoffbälle zuwerfen und dazu nach dem Alphabet fortlaufend Hauptwörter sagen: »Frau Fischer, ein Hauptwort mit D!« »Doof«, sagt Frau Fischer. »Das ist kein Hauptwort, Frau Fischer!« »Wohl!« sagt Frau Fischer. Bravo, Frau Fischer! Die scheinen ja doch nicht alle komplett verblödet zu sein. Danach wurden verbotene Lieder gesungen wie »Schwarzbraun ist die Haselnuß« und »Auf der Lüneburger Heide«, wobei ich bei letzterem nicht ganz sicher bin, ob es verboten ist oder nur verboten gehört. Zum Schluß war das Gruppengespräch dran: »Jetzt erzählen wir alle mal der Reihe nach, was wir gestern Schönes erlebt haben!« Totenstille. Husten. Keine sagt was. Ein Rollstuhl knarrt. »Oder vorgestern!« Nichts rührt sich, ein Kaffeelöffel fällt runter. »Und letzte Woche?« Der Wind fährt durch die Rabatten. Zwei Balkone über mir beugt sich Trudi übers Geländer: »Wie wär's mit den letzten hundert Jahren?«

Im vorigen Sommer hat das Altersheim ein Straßenfest veranstaltet, zusammen mit der Anwohner-Initiative, die vor zwei Jahren von einer jungen Mutter gegründet wurde, die im Widerspruch zu allem, was man sonst so von jungen Müttern hört, nichts besseres zu tun hatte. Der Sinn dieser Initiative ist mir allerdings verschlossen geblieben. Bisher hat sie nur sogenannte Straßenfeste veranstaltet, wozu außer dem Altersheim und der evangelischen Kirche auch die Polizei eingeladen wurde. Du kennst ja diese Feste, die unter dem Motto »Kennenlernen – Klönen – Kaffee und Kuchen« stattfinden. Was stattfindet, ist dann Kaffee und Kuchen, und noch Wochen später hängt ein zerfleddertes Plakat am Haus, auf dem »Ideen-Poster« steht, sonst aber nichts.

Das mit der Polizei fand ich dann doch interessant und ging zusammen mit Trudi zu einem der Vorbereitungstreffen. Trudi hat irgendwie einen Rochus auf die Bullen, rückt aber nicht mit der Sprache raus, wenn man sie fragt, warum. »Ich finde die Uniform unkleidsam.« Das wird wohl nicht alles gewesen sein. Jedenfalls, als wir ankamen, schwadronierte der Kontaktbereichsbeamte gerade über ein Motorrad, das er mitbringen wolle und auf dem dann die Kinder herumturnen könnten, und vom Polizeichor. Trudi murmelte etwas, das klang wie »scheißuniformierter Staatskosake«, der Bulle sagte »Was?«, sie sagte »Ach, nichts« und kündigte dann einen Infotisch an; sie werde dort Videos von superbrutalen Polizeieinsätzen der letzten 50 Jahre zeigen. Ich glaube gar nicht, daß es so ein Video gibt. Außerdem hat sie meines Wissens noch nicht einmal einen Fernsehapparat. Der Bulle lief gleich violett an und versprach, daß er in diesem Fall »abräumen« werde. Trudi zeigte sich hocherfreut; eine anständige

Randale werde ihren Bekannten von der Presse prima in den Kram passen. Soviel ich weiß, kennt sie bloß einen Volontär vom *Eimsbütteler Anzeigenblatt*. Die junge Mutter fing auf der Stelle an zu flennen. Sie hätten sich alle so gut verstanden, und nun würde Trudi alles kaputtmachen. Trudi sagte, daß im Zuge der Beobachtung der Aktivitäten dieser perversen Initiative Kaputtmachen quasi zu ihrer zweiten Natur geworden sei. Das war natürlich gelogen, denn in Wirklichkeit hat sie letztes Jahr, als in ihrem Balkonkasten eine Amsel brütete, den ganzen Sommer über den Balkon nicht betreten und nur nachts heimlich die leeren Bierflaschen rausgestellt.

Das Straßenfest fand trotzdem statt, aber der HErr hatte ein Einsehen und ließ es regnen für und für, so daß niemand sich für das Fernbleiben von Mopeds, Polizeichören, Horror-Videos und Top-Journalisten entschuldigen mußte.

Halleluja! sagt Deine alte Freundin

Marie

* * *

Hahnenhorn, 27. März

Liebe Marie,

ein Altersheim ist immer noch hundertmal besser als »Betreutes Wohnen«! Hier, in der Alten-WG, dürfen die alten Tanten ja beinahe machen, was sie wollen! Ein Skandal ist das. Auf dem Hof »Morgensonne« (und was für ein idiotischer Name für eine Einrichtung, deren Zielgruppe jenseits der 80 angekommen ist), wohnen sieben alte Frauen. Männer werden ja meistens nicht so alt, und der einzige Bewohner, ein Studienrat Singelmann von Ende 70, war nach zwei Wochen schon wieder ausgezogen. Als ich ihn fragte, warum er die komfortable Einrichtung verläßt, erklärte er mir, er sei gern verheiratet gewesen, aber noch lieber sei er Witwer. Und diese »Form weiblicher Präsenz« – er meinte das Gekeife aus sieben alten Kehlen – sei einfach zuviel für ihn, lieber gehe er ins Heim. Die Frauen versuchen nun durchzusetzen, daß sie nur männliche Pfleger bekommen, weil die jungen Mädchen angeblich so grob seien. Sophie wurde ganz weinerlich, als ihr klar wurde, daß Benjamin nicht die nächsten zehn Jahre bei ihr den Zivildienst ableistet. Sie wollte sich an den Petitionsausschuß des Bundestages wenden wegen einer Verlängerung der Zivildienstzeit – so was lernen die da! Sollten wir nicht versuchen, Kläre nach ihrer Rückkehr in ein solides Heim zu steuern? Am besten eins mit Eisengittern vor den Fenstern? Wer weiß, was sie noch alles anstellt.

Neulich wollte ich Sophie besuchen, da sagte Benjamin, sie würde jetzt jeden Dienstag in die Kreisstadt zu einem Volkshochschulkurs über Ikebana gefahren. »So was hat sie bestimmt nicht, das hätte mir ihr Arzt gesagt«, gab ich zurück. Frau Ziegenfuß posaunte auf dem Schützenfest mal heraus, sie habe jetzt eine wundervolle Creme gegen die Klitoris an ihren Beinen entdeckt.

Tante Sophie hat aber nach wie vor vom Blumenstecken keine Ahnung. Selbst auf Hof »Morgensonne« gibt es anscheinend noch kein altenbetreuerisches Konzept, das regelmäßige Cafébesuche vorsieht. Die muß man sich ergaunern, wie wir damals in P. Als Ingrid von ihrer Mutter erwischt und am Ohr aus dem Café gezogen wurde, schrie sie: »Auch Schulschwänzerinnen haben Menschenwürde! Ich geh' vor die UNO.« »Diesen Udo kauf ich mir noch«, zischte Frau Jebens. Da mußten wir unter dem Tisch sehr lachen.

Mein Laden macht Fortschritte, aber irgendeine Genehmigung fehlt mir noch zur Eröffnung. In diesen Fragen ist Ernst-Heinrich nur bedingt tauglich. Er schlug nämlich vor, für den Laden Sozialhilfe zu beantragen, das sei »ohne weiteres drin«. Dabei ging es nur um den Gewerbeschein. Wenn ich nicht aufpasse, klaut er ihn irgendwo. Vielleicht den aus dem Fleischerladen, dann müßte ich in Zukunft wahrscheinlich Dekorationswürste verkaufen.

Damit ich alle im Dorf irgendwie auf meine Seite kriege, wollte ich in die Freiwillige Feuerwehr eintreten. Man bedeutete mir, ich hätte dafür zuviel Klitoris und zu wenig was anderes. Da habe ich dann den Sportverein genommen und bin in die Gymnastikgruppe gegangen. Als erstes prallte ich auf Frau Ziegenfuß. »Oh, ist heute Seniorinnenturnen?« fragte ich und es hatte den gewünschten Effekt. Sie platzte. Nein, leider nicht wirklich.

Dann stand ich mit fünfzehn übergewichtigen Hahnenhornerinnen im Kreis, »Jailhouse Rock« tönte aus dem Gettoblaster. Und so war es ja irgendwie auch. Die Damen sollten im Rhythmus vom linken Bein auf das rechte und wieder zurück hüpfen. Doch die meisten wußten leider nach »von links auf rechts« nicht mehr weiter, geschweige dann irgendwas von Rhythmus. Hilde, die Führerin (anders kann man es nicht sagen, sie hat was vom BDM), ist aber die örtliche Kindergartentante und insofern Begriffsstutzigkeit gewohnt. Allerdings waren die Damen ja im Gegensatz zu mir nicht das erste Mal auf dieser Veranstaltung, und sie konnten nicht nur links und rechts, sondern auch vorn und hinten nicht auseinanderhalten. Als sie mit den Fingerspitzen ihre Zehen berühren sollten, versteiften sie sich auf die Kniescheiben, doch handelte es sich bei dieser Verwechslung möglicherweise nicht um ein intellektuelles Problem. Nach fünf Minuten erklärten vier Frauen, sie müßten noch mal eben verschwinden. Als sie fünfzehn Minuten später zurückkamen, rochen sie nach Schokolade, und jede hatte den Lippenstift einer anderen ausprobiert. Dann ging der Rest austreten.

Zwischendurch sagten sie Sätze wie »Hilde, mach mal leiser, ich kann Rosa gar nicht verstehen. Rosa, was hatte sie an? Am Sonntag? Nee, so was!« und »Es ist so kalt, da kann man sich gar nicht bewegen.« Als Hilde ziemlich unbeeindruckt »Jetzt holen wir die Matten« rief, kam doch Bewegung in den Kreis, sie holten schnell die Matten und ließen sich stöhnend nieder. Einige zogen Karten heraus und begannen, Rommé zu spielen, andere Mau- Mau. Frau Ziegenfuß las ihrer Nachbarin aus dem Roman »Karl-Heinz, komm zurück zu mir!« vor. Nur Hilde machte weiter mit »eins und zwei, eins und zwei« und schweren Bauchmuskelübungen. Einige Frauen, die nicht zum Kartenspielen aufgefordert waren, wippten ein wenig mit dem Fuß im Takt. Am Ende sagten alle, es sei heute aber wieder sehr anstrengend gewesen, doch Hilde habe es schön gemacht. Sie wollten ihr noch im Umkleideraum ein Glas Sekt ausgeben. Was ich für Sportkoffer gehalten hatte, entpuppte sich als Arsenal von Kühltaschen. Mir wollten sie einreden, daß, wer neu dazugekommen sei, aus dem Gymnastikschuh trinken müsse. Da habe ich gestreikt und erwähnt, daß man bei mir in Zukunft sehr formschöne Gläser kaufen könne. Nachdem ich zugeben mußte, daß ich in der »Wohnstube« keine Schankerlaubnis habe, waren sie nur sehr mäßig interessiert.

Ich hoffe, es geht Dir gut und bin Deine

Irene

* * *

Hamburg, 2. April

Liebe Irene,

Sport ist Mord, das ist bekannt. Das wußten wir doch schon damals, als alle Sportarten auf -en und nicht auf -ing oder -bic endeten. Meistens sollten wir sowieso nur turnen, was schon schlimm genug war. Erinnerst Du Dich noch, als die Hälfte der Klasse 52 mal im Jahr ihre Tage hatte? Die vorgeschriebenen blauen Pumphosen waren ja wirklich unzumutbar. Du spieltest die letzten Schlager auf dem verstimmten Flügel, während wir anderen auf den Matten lagerten und über die Beknackten hetzten, die anmutig auf dem Schwebebalken herumwankten.

Später kriegte ich es dann mit dem Rücken. Da halfen zuerst sehr schöne Spritzen in allen Farben, die ich aus der Apotheke abholen mußte, weil sich der Orthopäde schämte, so was Furchtbares selbst zu bestellen. Als dann diese scharfen Bodies aufkamen, bin ich in einen Bodybuilding-Club eingetreten. Das machte richtig Spaß. Der Club gehörte Ingrid Jebens Kusine Simone, da habe ich nur die Hälfte bezahlt. Meistens saßen wir am Tresen und rauchten Zigaretten. Und hetzten über die Beknackten in ihren doofen pinkfarbenen Anzügen. Mein Rücken wurde aber irgendwie nicht besser. Simone meinte, ich solle doch Tennis spielen, da könne man sogar Karriere machen, aber dazu war ich schon zu betagt; außerdem ist mein Vater tot. Das war übrigens die Zeit, als alle Probleme psychische Probleme waren und ratzfatz durch die richtigen Tapeten – von Anthroposophen linksdrehend um Mitternacht handgeschöpft – behoben werden konnten. Oder durch Atmen. Die Tapeten konnte ich nicht bezahlen und atmen konnte ich schon von Mutterbeinen an. Da machte ich Yoga. Das war aber auch nichts, weil man da manchmal die Füße von jemand anders in die Hand nehmen mußte, und das ist das Zweitschlimmste, was ich mir vorstellen kann. Außerdem war der Yoga-Lehrer Zen-Buddhist, was an sich nicht schlimm ist, aber man kriegte nie eine vernünftige Antwort. Als ich ihn z.B. fragte, was ich tun solle, um meinen Rücken wieder hinzukriegen, sagte er: »Ein Mönch bat: ›Meister, ich bin ein Neuling im Zen. Zeig mir den Weg.‹ Der Meister fragte ihn: ›Hast du gefrühstückt?‹ ›Ja.‹ ›Dann geh und wisch die Eßschale aus.‹« Das ist ja gut und schön und auch leicht zu verstehen, aber ich esse nun mal nicht aus Schalen.

Jetzt gehe ich regelmäßig mit Rita in die Sauna, neuerdings in eine Frauensauna, weil wir aus der gemischten rausgeschmissen worden sind. Dort fand ich es sowieso ziemlich deprimierend, weil, wenn wir nach dem Saunieren auf unseren Liegen ausruhten, ständig primäre Geschlechtsmerkmale an unseren Nasen vorbeigeführt wurden. Das zieht einen doch ziemlich runter. Bei einer dieser Gelegenheiten sagte Rita zu mir: »Guck mal, der da, sieht aus wie'n Penis, bloß kleiner.« Das war aber der Besitzer der Sauna und somit war unseres Bleibens dort nicht länger.

In der nächsten Woche kommt Kläre zurück. Sie schrieb mir, daß ich sie vom Flughafen abholen solle, Werner sei ihr wieder abgehauen. Es würde mich allerdings nicht wundern, wenn sie im Flugzeug jemand Neues angräbt. Jedenfalls werde ich sie in ihre Wohnung schaffen und dann die Daumenschrauben anlegen. Und nicht zu knapp!

Ein ausführlicher Bericht dann per Eilbrief!

Herzlich, Deine

Marie

* * *

Hahnenhorn, 5. April

Liebe Marie-Luise,

ich weiß gar nicht mehr, was ich denken soll. Jetzt bin ich sicher, OW gesehen und gehört zu haben, und diesmal war ich nüchtern und ohne Drogen unterwegs. Nein, ganz nüchtern auch wieder nicht, wegen Ernst-Heinrich und – aber vielleicht sollte ich von vorn beginnen. Das hat mir ja die Wözwöz damals schon beizubringen versucht, wie ungeschickt es sei, einen Aufsatz über »Mein schönstes Ferienerlebnis« mit dem Satz »Der Ketchup in Vaters Gesicht reizte mich stark zum Lachen« zu beginnen.

Also, wir haben gestern die »Wohnstube« eröffnet. Es gab Schnittchen, bei denen Sophie mir mit dem

Dekorieren half. Nachdem sie rausgekriegt hatte, daß die Schnittchen nicht verkauft werden sollten, sondern »für umsonst« waren, sammelte sie Aldis Krabben wieder von den Broten ab, die seien viel zu dick belegt. Eine Krabbe pro Brot würde auch genügen. Ich habe aber sehr wohl gesehen, wie sie die eingesparten Tierchen Benjamin in den gierigen Schlund schob. Es gibt offenbar gewisse Berührungspunkte zwischen dem Pazifisten und dem potentiellen Mörder, was man aber jetzt nicht mehr sagen darf, oder man wird sowieso gleich mit der Gulaschkanone erschossen. Benjamin hatte »Freizeitberatungsdienst« bei Sophie und fragte, ob es nicht etwas Warmes zu essen gäbe. Inzwischen versuchte Tante Sophie, ihre Schandtaten auf meinen Schnittchen mit einer üppigen Petersilie-Garnitur zu verbergen. Die Plastikfarne, die in der »Wohnstube« verkauft werden sollen, konnte ich gerade noch vor ihrem erhobenen Küchenmesser retten. Gemüse sei gesund, erklärte sie beleidigt.

Ernst-Heinrich war für den Sektausschank zuständig, und ich hatte ihm eingeschärft, daß es für Sophie, Benjamin, ihn und mich nur Selters geben würde, solange noch potentielle Kunden in der Nähe waren. Als ich später brechen mußte, behauptete er, er habe die Flaschen verwechselt, das könne schon mal vorkommen. Morgens schleppte er eine meterlange Tannengirlande für die Eingangstür an, und versuchte, die riesige silberne »25«, die daran hing, abzureißen, ehe ich sie entdecken konnte. Auf meine Frage, ob es angehen könne, daß jemand im Dorf silberne Hochzeit feierte, antwortete er nicht, bis er an meinem strengen Blick bemerkte, daß ich ihn durchschaute. Dann sagte er: »Ja, bei Ziegenfuß issas. Jetzt haben sie aber gemerkt, daß es doch erst 24 Jahre sind, und da konnten sie den Tüterkram nicht mehr brauchen.« Das ließ ich ihm ausnahmsweise durchgehen.

Dann inspizierte ich noch einmal die Abteilungen im Laden: Stoffe, Kissen, Bodenvasen – Deko-Objekte (»Gemüse«, zischte Tante Sophie) – Gläser, Geschirr, Tischdecken – Sonderangebote. Frau Ziegenfuß kam natürlich als erste, um nichts zu verpassen, und sah die Girlande argwöhnisch an. Sie brachte einen Korb voll Buletten, »damit man bei Ihnen auch was Anständiges bekommt!« In Anbetracht der sauber geputzten Schnittchen nicht ganz falsch. Als nächstes kam Zickys Frau, biß in eine der Buletten und bemerkte: »Ich dachte, Brot und Salz schenkt man nur zur Wohnungseinweihung?« Da trat die Fleischersche den Rückzug an, und schon wurde es beinahe gemütlich, nämlich sehr voll. Mehrere Bäuerinnen kamen mit angeschlagenen Milchkrügen und Blumenübertöpfen und erklärten, sie wollten sie tauschen. Ich nahm alles an und gab Gänseklein aus dem Sonderangebotskorb dafür, also Eierbecher und Salzstreuer. Die angestoßenen Altwaren stapelte ich in einen großen Korb mit einem Schild »Polterabendwaren nach Gewicht, Kilo DM 0,50«. Auf dem Lande wird ja nach wie vor viel geheiratet.

Als das Gewühl und Gekreisch einen Höhepunkt

erreicht hatte (»Irmi! Ist das nicht niiiiiedlich?« – ein Holzschmetterling mit lila Tupfen, den man ins Blumenbeet steckt, damit sich die Insekten fürchten), sah ich draußen einen Mann vorbeigehen, der wie OW aussah, nur mit Bart. Ich dachte mir zunächst gar nichts dabei, weil ich ja diese Erscheinungen schon gewöhnt und außerdem anderweitig beschäftigt war: »Der kostet nur 25 Mark 70 und ist so dankbar – doch, die lila Tupfen halten bestimmt das ganze Leben lang«, was man ja nicht von vielen Dingen behaupten kann. Von den scheußlichen allerdings meistens schon, weil niemand sie anfassen mag, also auch niemand sie abgrabbelt oder fallen läßt, wie es ja oft mit den schönen Dingen im Leben passiert, zum Beispiel der Liebe oder so. Beinahe erschien es mir logisch, daß eine kleine Halluzination zur Ladeneröffnung fällig war.

Nicht logisch war, daß etwa eine Stunde später das Telefon klingelte, und eine heisere Stimme fragte: »Irene, wo ist das Geld?« »Hä?« machte ich. »Du weißt genau, wovon ich spreche«, sagte die Stimme. Und: »Hier ist Otto. Das solltest du aber besser für dich behalten, ich bin inkognito hier.« »Aber – aber – aber – äh« (Das war ich. Um mich schwirrten Holzschmetterlinge und Plastikefeus. Mir war schlecht.) »Wo bist du?« fragte ich noch dämlich, so als ob das was zur Sache täte. »Ich melde mich wieder bei Dir, Irene«, sagte er, und zwar ziemlich kühl. Ich mußte mich vor Aufregung in den Korb mit den Polterabendwaren übergeben. Ernst-Heinrich erklärte die Party für beendet und brachte mich nach Hause.

Jemand hatte inzwischen eingebrochen und hatte den Sekretär durchwühlt – einschließlich des längst geleerten Geldfaches. Ich rief Wachtmeister Thiede an, der sichtlich erfreut über den »astreinen Kriminalfall« war, wie er am Telefon zu einem Kollegen sagte. Prompt kam auch ein Kriminaler und stellte fest, daß ja praktisch jeder im Landkreis wisse, warum ich an diesem Tag nicht zu Hause gewesen wäre und für wie lange. Diese Art von Logik hasse ich. Es war OW! Sonst weiß ja auch niemand von dem Geld, denn *er* hat es bestimmt nicht weiter erzählt. Natürlich habe ich darüber kein Wort verloren, denn es hätte mir ja ohnehin niemand geglaubt.

Heute hängt am Laden ein Schild »wegen Einbruch geschlossen«, das wird eine hübsche Reklame sein. Ich bin aus Angst in das leere Zimmer in Sophies WG gezogen, sitze am Tisch und blicke sinnierend aus dem Fenster auf Ernst-Heinrich, der keine Fragen stellt, aber gut sichtbar im Vorgarten auf und ab geht und einen Baseballschläger schwingt. Man wird »Morgensonne« für ein Irrenhaus halten, und ich fühle mich längst so, als ob ich dahingehöre. Klar ist mir nur, daß OW nicht tot ist, mein Geld will, und da er nicht tot ist, auch nicht ahnt, daß ich weiß, daß er tot ist, falls Du verstehst, was ich meine. Oder jemand anders gibt sich als OW aus – oder ich werde wahnsinnig. Wenn Du etwas herausbekommst, schreibe es umgehend Deiner

Irene

Hamburg, 10. April

Liebe Irene,

Dein Verdacht ist gerechtfertigt! Und mehr als das. Gestern habe ich Kläre auf dem Flughafen abgeholt. Sie war schon ziemlich benebelt von all den kostenlosen Drinks, die sie einem im Flugzeug ausgeben, damit man nicht ununterbrochen auf die Flügel starrt und die zigtausend Teile zählt, aus denen die zusammengeflickt sind, und dann womöglich einen Anfall kriegt. Bei meinem letzten Flug nach London las ich auf der Tragfläche: »Do not walk outside this area.« Das war aber nicht ernstgemeint, sondern bloß dieser englische schwarze Humor, glaube ich.

Wir fuhren dann zu ihrer Wohnung, wo ich erst mal einen Kaffee aufsetzte, nach kurzer Überlegung aber doch die Kognakflasche dazu auf den Tisch stellte; schließlich mußte ich ja was rauskriegen. Sie wollte mir gleich von ihren Eroberungen was vorquaken, aber ich sagte sofort, als wir beide saßen: »Und was ist mit Werner?« Sie versuchte schlau zu gucken: »Was für'n Werner?« »Dein Sohn!« erinnerte ich sie. »Der ist doch...« »am Leben«, unterbrach ich sie und schenkte ihr einen Schnaps ein, »war in Mallorca, war mit mehreren Frauen verheiratet, unter anderem mit dir und ist überhaupt das größte...« Statt »Woher weißt du das?« oder »Alles Quatsch!« zu sagen, was ja OWs Art und Weise war, auf gewisse Vorhaltungen meinerseits zu reagieren, wenn ich beispielsweise einen an ihn adressierten

Brief geöffnet hatte – versehentlich – und lesen mußte, daß eine Dame ihn jetzt dringend nach dem Hochzeitstermin fragte; statt also auf Nebenfragen herumzuhacken, ging Kläre jetzt gleich in medias res. Na ja, »gleich« ist übertrieben. Ich mußte zunächst eine Schilderung ihrer ersten beiden Gatten über mich ergehen lassen, die zwar reich gewesen waren, aber zur Abteilung »widerwärtig & gemein« gehörten. Ich hatte den Eindruck, daß sie schon lange das Bedürfnis hatte, mal auszupacken. Außerdem hatte ich den Eindruck, und das nicht erst seit gestern, daß eine Frau, die zwei Schufte hintereinander heiratet, beim dritten Mal von dieser lieben Gewohnheit nicht unbedingt Abstand nimmt. Von ihrem ersten Mann hatte Kläre sich scheiden lassen, der zweite war dahingegangen und hatte sie »pekuniär gut versorgt« zurückgelassen. Und dann kam Werner, der »einfach süß« mit 20 gewesen war. Nun, die Einzelheiten erspare ich Dir. Jedenfalls haben die beiden ziemlich auf die Kacke gehauen, und die Kohle war in kürzester Zeit den Weg aller Kohle gegangen, wenn man sie in Karibik-Reisen investiert und in Nachtlokale trägt statt auf die Sparkasse. »Und dann?« Und dann sei Werner auf die Idee gekommen, sich Damen zuzuwenden und sie um ihre Ersparnisse zu erleichtern. Das klappte gut, wohl deswegen, weil er immer mit seiner »Mutter« aufkreuzte. Wo hätte man sonst schon gehört, daß Heiratsschwindler ihre Mama im Schlepptau haben?

Irgendwie genial, das mußte ich zugeben. Die Kognakflasche war inzwischen nur noch halbvoll. Ich schenkte fleißig nach. »Wieso hat er sich von dir scheiden lassen und mich geheiratet?« (Von Dir habe ich kein Wort verlauten lassen, liebe Irene!) Er sei in mich verliebt gewesen. Das hätte man schon daran gemerkt, »daß er ... daß er ... mit dir nach Pirmasens ziehen wollte«. Pirmasens? Ich dachte immer, Wolfsburg, das wird ja immer schlimmer – Na danke, das genügt! – Und außerdem sei er in das gewisse Alter gekommen, wo ein Mann auch einmal Ruhe braucht. – Ach was! – Hat er ihr aber erzählt. Sie schien es zu glauben, was bei mir keineswegs der Fall ist. Und dann hätte ich die Scheidung eingereicht und ihm auch noch mit einem Privatdetektiv gedroht, da wäre dann womöglich alles aufgeflogen und dann kam dieser glückliche Zufall ... Dieser glückliche Zufall, liebe Irene, bestand darin, daß Eberhard, mit dem sie damals von der Tupperparty aus losgefahren war, um OW in Bargteheide zu besuchen (»wo er noch was am Laufen hatte«), dort einen Infarkt hatte und unsere beiden Herzchen auf der Stelle einen Austausch von Kleidung und Papieren in die Wege leiteten, um dann zu verduften. Nicht ohne ihm vorher noch eins mit der Nachttischlampe auf die Birne zu geben. Die beiden Männer sahen sich zwar ähnlich, aber für eine Identifizierung nicht ähnlich genug. Auf diese Information hin gönnte ich mir dann auch einen Kognak.

OW hat sich anschließend mit Eberhards Papieren nach Mallorca verzogen, während Kläre noch die Beerdigung abgewartet hat. Inzwischen war sie so breit, daß ich nichts mehr aus ihr herauskriegte, aber das Wesentliche war ja gesagt. Als ich mir gerade ein Taxi bestellt hatte – ich war auch nicht mehr ganz nüchtern – und ins Wohnzimmer zurückkehrte, um mich zu verabschieden, lag sie vor dem Sofa und hatte das Gesicht so komisch verzogen. Das hatte mir gerade noch gefehlt! Ich muß Dir aber sagen, daß mein Mitgefühl sich in Grenzen hielt. Eigentlich wissen wir es ja beide, daß auch in Frauenkreisen nicht wenige ausgeprägte Sauköpfe durch die Welt wandeln. Wenn auch, statistisch gesehen, auf dem Acker, an dessen Rand das Schild »dumm & böse« steht, Männer die Nase vorn haben. – Mit der Nachttischlampe! Ich bitte Dich!

Zusammen mit dem Taxifahrer schaffte ich sie dann ins Krankenhaus. Schlaganfall. Heute morgen rief ich dort an, und der diensthabende Arzt sagte, sie sei völlig durch den Wind, also hätte 1a einen an der Waffel, und würde was von einem Sohn erzählen, mit dem sie verheiratet sei. Heute mittag bin ich gleich hin, da sprach sie mich mit Irene an. Ich denke, auf weitere Einzelheiten werden wir zukünftig wohl verzichten müssen. »Ich kann Ihnen wenig Hoffnungen machen«, sagte der Arzt zu mir, »sie wird es überleben, aber nicht mehr mit allen Tassen im Schrank.« Dabei tippte er sich an den Kopf. Dem würde eine Fortbildung in Sachen Angehörigenbetreuung auch nicht schaden.

Meine These ist, daß OW auf mich, oder vielmehr auf das Geld, das ich von der Versicherung bekommen habe, wohl oder übel verzichtet hat und sich jetzt an Dir schadlos halten will. Damit meine ich nicht nur das Geld, das Du ja bereits sinnvoll angelegt hast. Es gibt auch noch eine Lebensversicherung auf Deinen Namen, und Herr Todtenhaupt ist ja keineswegs amtlich verstorben wie Herr Fleischmann. Und durchaus in der Lage, aus dem »Jemen« zurückzukehren, um in tiefer Trauer den Scheck der Versicherung entgegenzunehmen, weil seine geliebte Gattin im Dorfteich ersoffen ist bzw. sich unrettbar in einem Stachelbeerbusch verhakt hat oder woran man auf dem Lande so das Zeitliche segnet. Ich will ja nichts sagen, aber ich fände es doch angemessen, wenn Ernst-Heinrich und sein Baseballschläger ständig griffbereit wären. Und zwar für die nächsten zwanzig Jahre.

Das rät Dir Deine alte Klassenkameradin

Marie

* * *

Hahnenhorn, 15. April

Liebe Marie,

als erstes wollte ich zur Polizei gehen. Als zweites dann aber nicht mehr. Als drittes dann doch wieder. So vergingen die letzten Tage. Geschlafen habe ich kaum; und Ernst-Heinrich ließ sich nur schwer überzeugen, auf dem Teppich im Flur zu nächtigen.

Gottseidank ist Kläre gaga, aber es klingt so, als ob

sie schon gaga gewesen sei, als sie Dir alles erzählte. Das kann doch einfach nicht wahr sein, dachte ich zuerst. Dann wieder: natürlich ist das wahr. Undsoweiter. Gesagt habe ich niemandem etwas. Hier im Altersheim fühle ich mich einigermaßen sicher, mit dem Baseballschläger und Ernst-Heinrich. Auf Benjamin und Tante Sophie brauche ich wohl im Ernstfall nicht zu rechnen. Meinen Laden halte ich geschlossen, nachdem ich vorgestern zu einer Kundin versehentlich sagte: »Das Geschirr Gaga wird immer gern von jungen Leuten genommen.« Dabei heißt es in Wirklichkeit natürlich Gogo.

Eben hat das Telefon geklingelt. Es war, wie Du Dir denken kannst, OW, der sein Geld haben wollte. Ich habe mich zu Tode gefürchtet, aber es war ja auch klar, daß er schnell rauskriegen würde, wo ich bin. Das wissen wahrscheinlich längst alle. Ich habe ihm gesagt, es wäre mein Geld gewesen, und ich hätte es ausgegeben. Er hat gesagt, das glaube er nicht, und es sei besser für mich, wenn das *nicht* stimme. Ich sagte, ich würde zur Polizei gehen. Er sagte, er sei im Jemen verschollen und ich eine anerkannt hysterische Pute. Schade allerdings, daß ich in die Gummizelle käme, denn da könne er mich nicht so gut erwischen, aber praktisch könne er mich eigentlich doch überall erwischen, wenn er sich's genau überlege. Das habe ich ihm nicht geglaubt, aber Angst hatte ich doch. »Ähäh, ich habe das Geld. Ich gebe es Dir!« So sei es brav, meinte er. Ja, es sei aber versteckt und verschlossen, und ich könne es ihm nicht gleich geben, denn ich hätte es »gebunkert« –

das Wort habe ich nämlich mal in einem Krimi gelesen. Wo denn? fragte er drohend, er würde es sich holen. Nein, das ginge nicht, nur ich würde es bekommen. Wir müßten uns treffen, in Hamburg, in Nagels Bierstube. Es ginge aber erst in einer Woche. Daraufhin gab es noch ein bißchen Geplänkel, und schließlich haben wir uns auf »in vier Tagen, abends um halb sechs« geeinigt.

Liebe Marie, ich weiß nicht, warum ich mich mit ihm verabredet habe – ich wollte ihn erst mal loswerden. Wenn ich allerdings an die Lebensversicherung denke, werde ich ihn wahrscheinlich nie los. Vielleicht könnten wir ihn betäuben und mit Deinen beknackten Hotel-Schweden nach Skandinavien expedieren, da kommt er so leicht nicht wieder weg. Oder ich nutze die Zeit, um nach Skandinavien auszuwandern, aber dann hast Du ihn wieder auf dem Hals. Vielleicht können wir beide zu Nagels kommen und ihn auf den Kopf hauen, bis er für immer verschwindet. Leider bräuchten wir noch jemand, der die Ober ablenkt und uns hinterher erpressen wird.

Halte mich für wahnsinnig – aber ich habe mich so nett mit seinem Tod abgefunden, daß ich mir wünschte, er würde auf der Stelle im Dorfteich ertrinken. Doch, das wünsche ich mir aus ganzem Herzen. Es muß sich eine Lösung finden lassen, findet Deine

Irene

P.S.: Wo ist eigentlich Nagels Bierstube?

Hamburg, 16. April

Liebe Irene,

der Dorfteich wird es nicht bringen, hat mich aber auf eine Idee gebracht. Übermorgen ist doch der Stichtag – falls OW sich vorher nicht mehr bei Dir meldet, werde ich nachmittags bei Nagel eine Botschaft für ihn hinterlassen, daß er Dich an den Landungsbrücken treffen soll. Du kommst dann um 18 Uhr dorthin, eine Viertelstunde später geht die Fähre nach Finkenwerder. Du kannst ja behaupten, daß Du das Geld dort vergraben hast. Auf diesem entzückenden Schiffchen wirst Du ihn erwarten. Und ich auch. Heute fahren da kaum noch Einheimische mit – fast nur Touristen. Wenn das Wetter so regnerisch bleibt, verziehen die sich unter Deck, aber ich finde immer, ein bißchen frische Luft kann nie schaden. Ich fahre öfter mit dieser Fähre, das ist immer sehr lustig, weil die Touristenmänner den Touristenfrauen den Hafen erklären. Natürlich ganz falsch. »Das da ist Blohm & Voss.« In Wirklichkeit sind es die Schuppen der Hafen- und Lagerhausgesellschaft. Das ist den Touristenfrauen aber vermutlich auch piepegal.

Du solltest Dir eine Sonnenbrille aufsetzen und ein Kopftuch umbinden; ich werde mir eine von Kläres Perücken ausleihen. Wetten, daß wir ihn gemeinsam total umstimmen können?

Hinterher, also ich meine, wenn wir OW überzeugt haben, steige ich in Finkenwerder aus und nehme den Bus, und Du kannst zurückfahren bis Landungsbrücken oder schon vorher in Teufelsbrück an Land gehen und einen kleinen Spaziergang bis zum Bahnhof Altona machen. Im Anschluß an eine kleine Seereise, besonders wenn man so was nicht gewohnt ist, ist man doch immer ein bißchen aufgedreht und muß sich erst mal wieder fangen. Da Du ja sonst wenig verreist, solltest Du Deine Fahrt nach Hamburg mit einem kleinen Einkauf verbinden, damit die Hahnenhorner – falls sie Dich überhaupt vermissen – nachvollziehen können, daß Du nicht aus Jux und Dollerei nach Hamburg gefahren bist, sondern aus geschäftlichen Gründen. Quittungen aufbewahren!

Kopf hoch! Wir kriegen ihn schon! Ich meine, wir kriegen ihn schon rum.

Eigentlich schade, daß wir uns unter so traurigen Umständen wiedersehen müssen, meint Deine

Marie

P.S. Auf meinem Anrufbeantworter – ein blöder Name übrigens, der beantwortet ja keine Anrufe, sondern nimmt sie höchstens auf – auf diesem Aufnehmer jedenfalls waren in den letzten Tagen Anrufe aufgezeichnet wie »Na, was macht die süße kleine Witwe?« Es würde mich nicht wundern, wenn er das auch gewesen wäre. Wie er sich bei mir was holen will, weiß ich zwar nicht, aber der ist zu allem fähig. Ursprünglich vermutete ich, der Anrufer sei einer von diesen Leuten, die im Park den Mantel aufmachen, Du weißt schon. Deshalb habe ich die Kassette neu besprochen. Der Text fing ungefähr an mit »Du alte Sau, verpiß dich«. Das war keine gute Idee. Als erster rief Herr Behrmann wegen irgendwas Dienstlichem an. Ich hörte ihn am Telefon Blasen werfen.

* * *

Hahnenhorn, 7. Juli

Liebe Marie-Luise,

ich danke Dir sehr für die Einladung zum Klassentreffen. Das wird bestimmt ein schönes Wiedersehen, soviele Jahre nach dem Abitur. Warst Du nicht damals mit Ingrid Jebens befreundet? Ich kann ein wenig Aufmunterung vertragen, mußt Du wissen, weil mein Mann, der schon seit einiger Zeit verschollen war, nun vor ein paar Wochen tot aufgefunden wurde. Mir hatte er erzählt, er würde in den Jemen fahren, doch seine Leiche wurde im Hamburger Hafen gefunden. Der arme Otto war Nichtschwimmer. Leider konnte mir die Polizei auch nicht sagen, wie es passiert ist, denn er hatte bereits eine Weile im Wasser gelegen und war mit der Tide mehrfach die Elbe auf und ab getrieben, natürlich nur ein kleines Stück weit. Tja, Fernweh hatte er oft.

Die Polizei hat schließlich angenommen, daß es ein Unfall gewesen sein muß, obwohl sie sich nicht sicher waren, ob er nicht in allerlei dunkle Geschäfte verwickelt war. Auch die Detektive der Lebensversicherung waren interessiert an der »Wahrheit«, wie sie es nannten. Sie konnten aber nur herausfinden, daß er zuletzt auf einer Hafenfähre gesehen wurde, wo er trotz strömenden Regens die ganze Zeit draußen stand. Vielleicht ist er gestolpert? Er wurde mit mehreren Damen gesehen. Das wurde er, im Vertrauen gesagt, ohnehin andauernd.

Nach dem Tod von Otto war komischerweise mein Telefon kaputt, es knackte immer in der Leitung. Ich telefonierte aber ohnehin nur mit meiner Tante Sophie, die so gaga ist, daß sie jeden Detektiv zur Verzweiflung treibt. Sie behauptet, ich sei schuld an Ottos Tod, denn wenn ich netter zu ihm gewesen wäre, hätte er nicht in den Jemen fahren müssen. Mit meiner Post ist übrigens auch nicht mehr alles in Ordnung, sogar Einladungen zu Kaffeefahrten des evangelischen Senioren-Betreuungskreises kamen eine Weile lang so an, als ob sie vor mir schon drei andere Leute gelesen hätten. Das ist zwar auf dem Lande unter Nachbarn so üblich, aber doch nur bei interessanten Briefen!

Vielleicht könnten wir einmal telefonieren? Ich habe von Ingrid gehört, daß Du auch Witwe bist. Ingrid habe ich zufällig wiedergetroffen, als ich mich in Hamburg mit Trauerkleidung eindecken wollte. Ein Jahr schwarz ist bei uns auf dem Dorf das absolute Minimum, wenn man nicht als leichtes Mädchen gelten will. In einer Gegend, die nicht gerade nach gediegenen Geschäften aussah, strahlte mir ein ganzes Schaufenster voller schwarzer Blusen entgegen. Ich dachte natürlich, es handele sich um ein Spezialgeschäft für Trauerkleidung und schritt würdig und trauernd hinein. Wie erstaunt war ich, als mir eine stark schlingernde Dame in rosa-orangem Fummel entgegensäuselte: »Herzchen, wir finden schon was für dich, und nach dem Lifting steht es dir dann auch.« Anscheinend hatte sie mich verwechselt, aber dann erkannten wir uns plötzlich wieder. Nach dem dritten Sherry bot sie mir Prozente auf die Blusen an, während ich ihr aus meiner Mixerzeit in Manhattan berichtete.

Sie behauptete, Dein Mann sei ermordet worden und wollte mir alles haarklein berichten, falls ich das nächste Mal mit einer Flasche Dom Perignon in ihrer Boutique vorbeikäme. Ehrlich gesagt, würde ich den Champagner lieber mit Dir leeren. Sicherlich hast Du auch meine Adresse von ihr bekommen. Ich könnte bei Dir vorbeischauen, wenn ich wieder zur »Modeberatung« bei Ingrid angemeldet bin. Als ich meine Trauerkleidung kaufen wollte, probierte ich ihre ganze Kollektion durch, sie nannte mir am Anfang Phantasiepreise, erklärte aber schließlich, daß ich beim Kauf von neun schwarzen Blusen (Ladenhütern) die zehnte gratis bekäme. Dann bedankte sie sich überschwenglich bei mir für den Sherry, obwohl es ihrer war, und behauptete, sie müsse mir etwas zubezahlen, wenn ich mich mit »dem Sack überm Wanst« auf die Straße trauen würde. Das Schöne an Ingrid war schon immer ihre Offenheit. Und die Angelegenheit mit Freddy Quinn nahm sie mir auch nicht länger übel.

Liebe Marie, wir haben ja schon früher manches gemeinsam erlebt und erlitten und uns eigentlich immer gut verstanden. Laß uns doch beim Klassentreffen besprechen, ob wir nicht einmal etwas gemeinsam unternehmen wollen. Vielleicht wird das ja »der Beginn einer wunderbaren Freundschaft«, wie mein Otto sicher gesagt hätte.

In Deiner Einladung fragtest Du nach alten Dokumenten. Leider habe ich vor einiger Zeit in einem Anfall von Depression alles weggeworfen, was irgendwie mit der Vergangenheit zusammenhängt. Falls mich morgen der Schlag treffen sollte, wird niemand irgend etwas von historischem Interesse in meinem Hause finden. Ich weiß, daß Du diese radikale Art an mir schon immer geschätzt hast. Das einzige Stück, von dem ich mich niemals trennen würde, ist der Mahagoni-Sekretär, den mir meine Schwiegermutter zur Hochzeit schenkte. Er ist ja so schön! Auch vielseitig und praktisch, außerdem geheimnisvoll. Du magst es sentimental finden, aber ich habe ein Testament aufgesetzt, in dem ich festgelegt habe, daß Du ihn erben sollst, falls mich der Schlag trifft.

Ich hoffe, Dich bald wiederzusehen. Nach so vielen Jahren! Deine

Irene

* * *

Wie ich einmal Frau Fischer kennenlernte

Fanny Müller

Als Frau Fischer mich kennenlernte, lernte ich sie noch lange nicht kennen, weil ich eine Sonnenbrille aufhatte, durch die ich praktisch nichts sehen konnte.

Dann lud sie mich zum Essen zu sich nach Hause ein. Zum Nachtisch gab es einen Apfelauflauf, der bestimmt köstlich gewesen wäre, wenn sie ihn nicht auf den Terrazzo-Küchenfußboden geschmissen hätte.

Als Frau Fischer einmal nach Hamburg kam, lud ich sie in ein Restaurant ein, weil ich gerade sehr gutes Porzellan geerbt hatte.

Frau Fischer lebt auf dem Lande zwischen Traktoren, Heidschnucken, Schützenfesten und Nachbarn, die Käsegriller verzehren. Deshalb muß sie in der Stadt immer Getränke bestellen, die mit Apfelsinenscheiben und kleinen Sonnenschirmen dekoriert sind. Dann wird sie sehr lustig, besonders in dem Moment, wenn es im Lokal gerade sehr still ist. Da Frau Fischer von Haus aus eigentlich eine Dame ist, ist es ihr sehr peinlich, daß alle Leute gehört haben, wie sie ein fieses Wort gesagt hat. Den Rest des Abends muß ich ihr dann immer wieder versichern, daß das ganz piepegal ist. Das glaubt sie aber nicht und bleibt einfach unter dem Tisch sitzen.

In Frau Fischers schönem Buch »Kauft keine Frauen aus Bodenhaltung« geht es aber sehr anständig zu. Es handelt z.B. von kleinen alten Damen, die Postbeamte und deren Kunden in den wohlverdienten Wahnsinn treiben, und von Bahnhöfen (Uelzen), die die letzte Station vor der Unterwelt sind, vielleicht aber auch schon die Hölle selbst.

Frau Fischer ist sehr großzügig. Manchmal überläßt sie mir Sätze, die Bekannte von ihr vor zwölf Jahren beim Skifahren ausgerufen haben und die sie aus sittlichen Gründen nicht verwenden möchte (»Es kommt, es kommt, sag du zu mir«).

Ich habe viel von Frau Fischer gelernt, nämlich gutes Benehmen, und sie hat viel von mir gelernt, nämlich, daß in einer Welt, in der von erwachsenen Personen Käsewürste gegrillt werden, gutes Benehmen in Wirklichkeit das letzte ist, worauf es ankommt.

Wie ich einmal Frau Müller kennenlernte

Susanne Fischer

»Ach« stöhnte Frau Müller, als ob das Leben sehr anstrengend sei, und sah durch die auffälligste Sonnen brille, die mir jemals begegnet ist. Ich wollte Frau Müller das Leben nicht noch schwerer machen und versuchte, im Boden zu versinken. Das ließ sie aber nicht durchgehen, und so lernte ich Frau Müller kennen, was meinem Leben eine positive Wende gab.

Alles und jeden außer mir kannte Frau Müller zu diesem Zeitpunkt schon. Ich versuchte, ihr etwas Neues zu erzählen. »Das weiß ich doch«, ächzte Frau Müller.

In fremden Städten fragt sie als erstes Verkehrspolizisten nach dem Weg zur Bibliothek, obwohl sie da nicht hin will, und Busfahrer nach dem Stand der Dinge im allgemeinen. So hat sie bereits eine Menge unerwünschter Heiratsanträge eingeheimst. »Das muß ja nicht sein«, seufzt Frau Müller.

Ihren Alltag verbringt sie im Hamburger Schanzenviertel, umzingelt von Punks mit Schäferhunden, die auf alberne Namen hören (auch die Herrchen), und den Insassen der umliegenden Altersheime, die überhaupt nichts mehr hören. »Schön ist das nicht«, konstatiert Frau Müller und stöhnt.

Was sie dort erlebt, schreibt sie zur Freude ihrer Leserinnen und Leser auf, und veröffentlicht es zum Beispiel in der *jungen Welt*. Als *Titanic*-Kolumnistin (»Mit den Augen einer Frau«) sorgt sie schon längst dafür, daß alle Welt erfährt, wie lustig es bei Hochhaussprengungen, bei Rex Gildo und auf Esoterikmessen zugeht. Sie hat sich um die Volksbildung verdient gemacht. »Ach was«, ächzt Frau Müller.

Gottseidank gibt es auch zwei Bücher von Frau Müller. In »Geschichten von Frau K.« erfahren wir alles über die Rentnerin K. und ihre unsägliche Dakkelin Trixi. »Mein Keks gehört mir« bietet nützliche Geschichten aus allen und über alle Lebenslagen. Das Schöne an Frau Müller ist, daß sie hübscher aussieht als ihre Kollegen und besser kochen kann. Sie kümmert sich um ihre Nichten, wenn sie wieder »20 Mark bis nächsten Donnerstag« brauchen. Sie sorgt sich um das Allgemeinwohl, indem sie Tupperpartys beschreibt und Prinz Charles durch Hamburg verfolgt, so daß nachher niemand sagen kann, er habe von nichts gewußt. Sie sollte längst das Bundesverdienstkreuz... – »Mir doch egal« brummelt Frau Müller und kontrolliert mit einem scharfen Seitenblick auf mich ihren Vorrat an spanischem Weinbrand.

Ulla Lessmann

Helenens gestörte Ruhe

Roman

Band 13529

Helene, klug, blond und elegant, hat sich ihr Leben prächtig eingerichtet: Nicht mehr ganz jung, aber attraktiv, verdient sie gut mit dem Schreiben von Pornos und genießt es, allein zu wohnen. (Liebhaber krümeln bloß.) Eigentlich will Helene vor allem ihre Ruhe. Hin und wieder fehlt freilich ein bißchen Spaß, und so beschließt sie, ein wenig in der Intimsphäre anderer Leute herumzuschnüffeln: als Privatdetektivin. Kein Problem für Helene, die der Meinung ist, alles unter Kontrolle zu haben – vor allem ihre Seelenruhe. Dies aber ändert sich radikal, als sie gleich beim ersten Auftrag auf eine andere kluge Blondine trifft. Schlagartig dreht sich alles nur noch um Blondinen: lebende und plötzlich verstorbene. Zu ihrer größten Beunruhigung muß die autarke Helene feststellen, daß es noch Menschen mit großen Gefühlen gibt. Und dies ausgerechnet im ihr so vertrauten Milieu der Bonner Journalisten- und Politszene. Helene, wie alle intelligenten Frauen eine gute Schauspielerin, läßt sich auf ein gefährliches Rollenspiel ein. Daß außer ihr auch andere ihre Spielzüge machen, merkt Helene erst, als es fast zu spät ist.

Fischer Taschenbuch Verlag

fi 2078 / 5

Ursula Maria Wartmann

Tante Lissi kann auch anders

Roman

Band 13679

Dickie Dickson ist einundvierzig und Redakteurin bei einer modernen Frauenzeitschrift. Mit ihrer Freundin und dem Mischlingshund Willi lebt sie auf St. Pauli, einen Steinwurf entfernt von der Reeperbahn. In den Hauseingängen liegen Junkies und betrunkene Herren, Touris pinkeln gegen die Straßenbäume, und in den Fenstern haben steinalte Omas die Busen auf geblümte Kissen gelegt und prosten mit ihrem Flachmann dem Briefträger zu. Mit einem Wort: Das Leben könnte so schön sein! Wenn da nicht dieser Job wäre: Siebzehn Übungen zur inneren Harmonie, zwölf Schritte zum Superorgasmus, Blitzkuren gegen Zellulitis, Brustkrebs und Ehekrisen. Und diese Chefredakteurin, die Dickie das Leben zur Hölle macht. Abends trinkt Dickie trübsinnig trockenen Wein. Und morgens braucht sie ein Kilo Make-up, um für für das Dasein als Hochglanz-Journalistin gerüstet zu sein. Das hat sie so nicht gewollt... Ihre Lebenskrisen bespricht sie mit *Tante Lissi*, die in Wanne-Eickel wohnt. *Tante Lissi* ist einundachtzig, raucht seit dem Krieg Filterlose und keiner macht ihr was vor. Eine Woche Mallorca mit *Tante Lissi*, ist das einzige, was Dickie noch aufrecht hält. Sie ahnt nicht, daß dieser Urlaub den Grundstein für ein Fiasko legt, das ihr Leben verändern wird.